Giuseppe Alcamo
Liborio Di Marco

Maria: memoria vivente della Chiesa

Giuseppe Alcamo
Liborio Di Marco

Maria: memoria vivente della Chiesa

A lezione di vita cristiana da Maria

Edizioni Sant'Antonio

Cover image: Madonna bruna di Tindari (Sicilia) Statua di legno di cedro del Libano raffigurante la Vergine bizantina con Bambino.

Publisher:
Edizioni Accademiche Italiane
is a trademark of
International Book Market Service Ltd., member of OmniScriptum Publishing Group
17 Meldrum Street, Beau Bassin 71504, Mauritius

Printed at: see last page
ISBN: 978-613-8-39197-5

Indice

Introduzione

Abbiamo compiuto, nel solco della Scrittura e della Tradizione viva della Chiesa, un atto d'amore a Colei che è la "via" percorsa da Dio per raggiungere l'umanità, con il mistero dell'Incarnazione; l'abbiamo contemplata come donna, madre, sposa e discepola, come consolatrice e protettrice, come Colei che sa custodirci gelosamente. Il nostro atto d'amore è anche verso tutti coloro che cercano di comprendere il ruolo della vita di Maria dentro il mistero della vita della Chiesa, perché vogliamo, con semplicità e umilmente, venire loro incontro con questo studio. In Lei abbiamo contemplato l'icona esemplare della Chiesa. Riflettere sulla missione di Maria, permette di comprendere meglio lo spessore umano e divino della fede della Chiesa, l'identità evangelizzatrice di ogni comunità ecclesiale, il cammino ecumenico della Chiesa postconciliare e la gloria escatologica dove Lei è già stata assunta.

Il testo è suddiviso in tre parti, la cui unità è data dal contemplare Maria sempre dentro il "mistero di Cristo e della Chiesa". La storia della salvezza iniziata con Abramo trova in Maria una rinnovata e decisiva svolta, che conduce l'umanità fino al suo pieno compimento, quando Dio sarà tutto in tutti. La grazia di Dio che fecondò il grembo della vergine di Nazareth è il fondamento storico della nascita della Chiesa, alla cui missione Maria non è estranea, anzi ne è il modello esemplare e la custode fedele: «*Maria è colei che sa trasformare una grotta per animali nella casa di Gesù, con alcune povere fasce e una montagna di tenerezza. Lei è la piccola serva del Padre che trasalisce di gioia nella lode. È l'amica sempre attenta perché non venga a mancare il vino nella nostra vita. È colei che ha il cuore trafitto dalla spada, che comprende tutte le pene. Quale madre di tutti, è segno di speranza per i popoli che soffrono i dolori del parto finché non germogli la giustizia. È la missionaria che si avvicina a noi per accompagnarci nella vita, aprendo i cuori alla fede con il suo affetto materno. Come una vera madre, cammina con noi, combatte con noi, ed effonde incessantemente la vicinanza dell'amore di Dio.*» (EG 286)

Maria insegna alla Chiesa di tutti i tempi come attendere il dono dello Spirito, come cambiare progetti in fedeltà alla missione che lo Spirito le affida, come restare permanentemente in ricerca della volontà del Padre, come fare un coraggioso discernimento sui segni dei tempi senza restare vittima dei segni del tempo.

La prima parte, tenendo presente quanto è scritto sulla Chiesa di Gerusalemme in At 1,13-14, tenta di rispondere alle seguenti domande:

- nel momento in cui la primitiva chiesa andava formulando il contenuto del suo kerygma, Maria è stata solo oggetto di riflessione teologica o è possibile pensarla tra "coloro che furono i testimoni oculari fin dal principio", così come dice Luca all'inizio del suo vangelo (Lc 1,2)?

- Poiché i fatti delle origini di Gesù sono da situare al di fuori dell'ambito pubblico in cui si svolse il suo ministero, sarebbe possibile annoverare Sua madre tra i testimoni tradenti di quegli eventi?
- È ipotizzabile che Luca abbia conosciuto una tradizione apostolica le cui origini risalgono proprio alla madre del Messia?
- È proprio il terzo evangelista che per ben due volte descrive Maria con precisione in un'attitudine caratteristica: "*custodiva tutte queste cose nel suo cuore*" (Lc 2,19.51); poiché non si tratta di un atteggiamento sentimentale ma di un'attività che coinvolge l'intera interiorità della persona - intelligenza, coscienza, volontà, sentimento - che cosa Luca ha inteso indicare al suo lettore nel descrivere Maria in questo modo?

Se di lei Luca nel suo vangelo sottolinea volutamente un lavoro di confronto e di prolungata riflessione (cf. i verbi *symballein* e *dia-terein* di 2,19.51) sulle "cose" che accadevano, se la sua figura e il suo ruolo non sono marginali nella narrazione evangelica, allora non è così peregrino pensare che la sua testimonianza fu ritenuta importante per il formarsi di una vera comprensione teologica del mistero di Cristo, alla luce della risurrezione e della Pentecoste.

Nel pensiero teologico di Luca non solo il ministero di Gesù, la sua passione-morte-risurrezione, ma anche i momenti della sua infanzia sono rivelativi del piano salvifico di Dio. Possiamo, quindi, pensare che anche questi ultimi rappresentino il contenuto di una tradizione che potrebbe risalire fino a Maria e che, poi rielaborata dalla comunità cristiana post-pasquale, sia arrivata dopo decenni fino al terzo evangelista, che l'ha ricompresa all'interno del piano letterario e teologico del suo racconto.

In questo modo ancora una volta si conferma il valore e il ruolo anzitutto ecclesiale di Maria. Come già aveva bene intuito Agostino: «*Maria...ha custodito infatti più la verità nella sua mente che la carne nel suo grembo...Conta di più ciò che è nella mente, di ciò che è portato nel grembo. Santa è Maria, beata è Maria, ma è migliore la Chiesa che la Vergine Maria. Perché? Perché Maria è una parte della Chiesa: un membro santo...ma tuttavia è sempre un membro rispetto all'intero corpo*» (*Discorsi*, 25,7-8)

Nella seconda parte viene ricostruita la consapevolezza ecclesiale a partire dalla svolta conciliare. Il magistero è il filo rosso che traccia il percorso di amore che la Chiesa nutre per la Madre di Dio. I padri conciliari, hanno avuto chiaro che, attraverso il ruolo di Maria, la Chiesa si riappropriava della vera immagine di Dio misericordioso, del ruolo unico di Cristo mediatore, dell'azione dello Spirito santificatore.

La familiarità che la Chiesa coltiva, con le diverse forme di spiritualità, è una via semplice e popolare con cui la Chiesa educa i singoli cristiani e le comunità all'amore verso il suo Signore. Maria è la prospettiva, a cui la Chiesa non può rinunciare, per introdursi dentro il mistero della passione e morte di Cristo.

A partire dal Concilio Vaticano II la Chiesa attua una svolta decisiva nella considerazione dottrinale, spirituale e pastorale su Maria; Maria viene collocata dentro una prospettiva ecclesiologica a servizio dell'economia della salvezza. Come afferma Ugo Rahner, il Concilio ci ha educato a contemplare "*Maria nella Chiesa e la Chiesa in Maria*".

Questa visione teologica trova singolare realizzazione nel campo della spiritualità ed in modo specifico nella pietà mariana. La spiritualità è la fede incarnata dentro una cultura ed espressa dal popolo in modo pubblico e con una carica affettiva molto forte, che qualifica l'identità della Chiesa cattolica.

L'identità della spiritualità mariana, che la Chiesa ha testimoniato nei secoli, con ricchezza di forme e di stili, può essere definita contemporaneamente legata all'azione dello Spirito, totalmente cristologica e storico salvifica.

Maria testimonia la vocazione alla santità che ogni essere umano riceve da Dio. La vergine, oltre a condurci con le sue feste a celebrare meglio la salvezza che Cristo ci offre, ci aiuta anche a guardare con maggiore speranza la comunità alla quale apparteniamo e che la onora come la più perfetta tra i cristiani.

Noi lodiamo Dio per e con Maria, perché vediamo in Lei l'opera di Dio e rendiamo a Lui grazie per come Maria ha risposto, in modo esemplare, alla sua chiamata. Maria insegna alla Chiesa come riconoscere il concreto agire di Dio dentro gli eventi della storia e della vita degli uomini.

Infine, il testo si conclude con una catechesi sulle nozze di Cana (Gv 2,1-11), in cui viene descritta la vocazione di Maria dentro la Chiesa e la vocazione della Chiesa dentro il mondo; una catechesi biblica che intende educare i cristiani ad una presa di consapevolezza della propria responsabilità per l'avvento del Regno di Dio.

Gli Autori

Parte I

MARIA CUSTODE DELL'EVENTO DI SALVEZZA

Liborio Di Marco

I. Introduzione.

All'inizio del Libro degli Atti (At 1,13-14), descritta l'ascensione al cielo di Gesù, Luca elenca i nomi degli apostoli (con in testa Pietro e Giovanni). Poi precisa che con loro c'erano «alcune donne, Maria-madre di Gesù e i fratelli di lui». Solo della madre specifica il nome, degli altri nomina solo il gruppo: «donne[1] e fratelli di Gesù[2]». Averla volutamente staccare dall'insieme delle donne è forse segno del particolare riguardo che l'evangelista e i primi credenti avevano nei confronti di colei che Cristo aveva lasciato come madre (cf. Gv 19,25-27) e che, come credente, partecipava alla vita della prima comunità cristiana[3] in attesa del dono dello Spirito.

Si tratta di una presentazione così esplicita che non può essere fortuita, tanto più che si trova in un sommario, in cui ogni particolare ha il suo peso. Non siamo di fronte a una semplice informazione storiografica, fuori luogo in quel contesto, ma a un'annotazione che rivela indubbia valenza teologica e spirituale. L'autore intende mettere in luce la continuità tra il Gesù storico, nato per opera dello Spirito Santo con la collaborazione di Maria, e la nascita

---

1 Il primo riferimento a un gruppo di donne al seguito di Gesù lo troviamo in Lc 8,2-3: «Maria detta Maddalena [...] Giovanna moglie di Cusa, ministro di Erode e Susanna, e molte altre». Successivamente Luca indica probabilmente lo stesso gruppo di discepole presenti agli eventi della passione-morte-risurrezione (23,49.55-56; 24,1-9.22-24). Non è da escludere che nel gruppo femminile di At 1,14 ci fossero delle consorti degli apostoli. Che queste donne siano presenti nella comunità primitiva accanto agli apostoli è ulteriore garanzia di quella continuità che Luca vuole stabilire tra l'evento di Gesù e gli inizi della Chiesa.

2 Anche questo gruppo è nominato da Luca nel Vangelo: «giunsero da lui la madre e i suoi fratelli, ma non poterono incontrarlo a causa della folla» (8,19-20). Il senso dell'espressione «i fratelli di lui» è controverso: secondo alcuni si tratta di «fratelli di sangue» (Elvidio), per altri di parenti molto prossimi (cugini, secondo Girolamo), per altri dei figli di Giuseppe, nati da un precedente matrimonio (Epifanio). Secondo C.K. BARRETT, *Atti*, I, Ed. Paideia, Brescia 2003, p. 121: «Questo versetto non apporta nessun contributo alle argomentazioni pro o contro una di queste teorie, benché sia opportuno aggiungere che il significato più naturale di *adelphós* è "fratello di sangue", che fratello di latte non è impossibile e che cugino è molto improbabile». Cf. anche J.A. FITZMYER, *Gli Atti degli Apostoli*, Ed. Queriniana, Brescia 2003, pp. 197-198.

3 Che Maria e «i fratelli di Gesù» siano presenti alla vita della prima comunità cristiana significa che la famiglia naturale di Gesù faceva parte a pieno titolo della sua famiglia di elezione. In questo modo Luca supera l'opposizione di Mc 3,31-35.

della Chiesa per opera del medesimo Spirito, con la presenza di Maria qualificata come madre di Gesù.[4]

La sua presenza è documentata sia agli inizi della vita di Gesù e della chiesa, punto di unità e di conferma nella «comunione con il mistero di Cristo risuscitato».[5]

Che ruolo ha avuto Maria all'interno della prima chiesa di Gerusalemme? Esclusa una funzione kerygmatica (attribuita dagli Atti ai soli apostoli[6]), potrebbe rientrare nel gruppo dei «testimoni» delle origini di Gesù? In quanto madre, solo lei era a conoscenza dell'infanzia di quest'ultimo e solo lei avrà avuto il privilegio di confrontare l'evento della risurrezione del figlio con quello della sua nascita. Come ha fatto notare Brown «Questi due avvenimenti si situano al di fuori dell'ambito pubblico entro il quale si svolse in generale il ministero di Gesù (...). La concezione verginale poteva essere personalmente attestata soltanto da Maria. Nessuno nel Nuovo Testamento sostiene di aver visto la risurrezione di Gesù».[7]

Potremmo allora annoverarla nel gruppo dei tradenti dell'evento di Gesù, di «coloro che ne furono testimoni oculari fin da principio»[8] (Lc 1,2)? Dopo che la primitiva chiesa formulò il suo kerygma sulla morte-risurrezione di Gesù, l'elaborazione teologica sul resto della sua vita dovette essere estesa anche al tempo della sua infanzia. In questa fase, Maria è stata solo oggetto di riflessione teologica, o possiamo immaginarla tra coloro che ebbero un ruolo di testimoni tradenti?

Se Luca e Matteo hanno scritto dell'infanzia del Cristo, è perché hanno potuto attingere a una tradizione fatta propria dagli apostoli (forse tramite il discepolo prediletto, cf. Gv 19,27) e che potrebbe risalire direttamente a Maria[9]: «Quanto alla Vergine, è più verosimile che ella abbia confidato le sue memorie agli apostoli, e che questi le abbiano poi trasmesse

---

[4] A. VALENTINI, «In preghiera con Maria, la madre di Gesù (At 1,14)», in *Theotokos* VIII (2000) 814.

[5] G. DE VIRGILIO, *Teologia biblica del Nuovo Testamento*, Ed. Messaggero, Padova 2016, p. 226; cf. A. GEORGE, «Marie dans la genèse des evangiles», in ID, *Marie dans le Nouveau Testament*, Ed. Desclée, Paris 1981, pp. 83-99.

[6] Essi hanno per Luca un ruolo testimoniale fondativo e normativo nella vita delle prime comunità cristiane e di modello perenne per la Chiesa di ogni tempo.

[7] R.E. BROWN, *La concezione verginale e la risurrezione corporea di Gesù*, GdT 99, Ed. Queriniana, Brescia 1977p. 11.

[8] È chiaro che con quest'espressione l'evangelista si riferisce al ministero pubblico di Gesù dall'inizio in Galilea (cf. anche 1Gv 1,1), ma chi meglio della madre ha potuto raccontare, come testimone oculare, i primi anni dell'infanzia di Gesù, quelli più oscuri?

[9] Molto originale a questo proposito il commento di RUPERTO DI DEUTZ a Ctc 5,7 («mi han trovato le guardie che perlustrano la città...mi hanno tolto il mantello le guardie delle mura»): Maria rappresenta l'amata, gli apostoli le guardie che annunciano il Vangelo del Risorto. Questi ultimi: «mi cercavano e si attendevano molto da me, che (cioè) fosse rimasto in me qualcosa che meritasse la loro ricerca; essi infatti sapevano che cosa era avvenuto in me o cosa fosse successo di me (...). Vollero che io rendessi loro del tutto manifesto, per quanto abbisognavano, ciò che vi era di segreto in me. Fino allora, infatti, avevo mantenuto nascosto, come sotto il mantello, tutte le parole che riguardavano il Diletto; le avevo conservate ponendole a confronto in cuor mio. Ma fu allora che le misi all'aperto: cioè feci conoscere quanto sarebbe stato necessario e di grande giovamento alla predicazione o anche alla redazione scritta del Vangelo del Diletto» (*CCL. Cont. Med.* 26, pp. 114-115).

apertamente, in maniera ufficiale, alle varie chiese».[10] S. Bruno di Segni (+1123) sottolinea: «Niente avremmo di tutto questo, se Maria non l'avesse custodito. Queste cose ci vengono dai suoi tesori».[11]

> Ella rende testimonianza alla nascita di Gesù, al cammino della sua infanzia: Gesù non sarebbe stato accolto dalla Chiesa nell'integrità del suo essere uomo se fosse mancata la testimonianza viva di una madre che lo aveva generato e allevato. All'interno della Chiesa, Maria è una parte di Gesù. Vi è qualcosa che né gli apostoli né le donne né i fratelli avrebbero potuto testimoniare. Spetta a Maria consegnare questa parte unica e insostituibile al mistero della Chiesa.[12]

Maria potrebbe essere stata, in maniera diversa da quella degli apostoli, memoria tradente di Gesù. Solo lei aveva il ricordo di alcuni avvenimenti del figlio, dal suo sorgere fino alla sua morte. Tra tutti i personaggi che compaiono nei racconti dell'infanzia di Gesù, solo lei appare anche durante il ministero pubblico del figlio (Lc 8,21) e in seno alla comunità primitiva prima della Pentecoste[13]. Quest'attitudine a conservare la memoria degli eventi del figlio, il terzo evangelista l'annota con precisione fin dall'inizio: dopo la visita dei pastori «Maria, da parte sua, custodiva tutte queste cose, meditandole nel suo cuore» (Lc 2,19); ritornata a Nazareth con Giuseppe e il bambino, dopo averlo ritrovato al Tempio di Gerusalemme, «custodiva tutte queste cose nel suo cuore» (Lc 2,51).

Qual è il senso di quest'atteggiamento di Maria rispetto a quanto accadeva a Gesù e, soprattutto, perché Luca ha voluto sottolinearlo ben due volte all'interno dei racconti dell'infanzia? Che importanza pragmatica egli voleva attribuire a quest'attività della madre di Gesù, descrivendola così per il suo futuro lettore credente?

II. «Custodire nel proprio cuore».

Luca ha creato quest'espressione quasi tecnica per riassumere la reazione di Maria dopo alcuni fatti dell'infanzia di Gesù. In 2,19 l'evangelista descrive la reazione di quanti sono presenti alla visita dei pastori: questi ultimi raccontano ciò che l'angelo ha detto loro sul bambino, quanti sono presenti si stupiscono delle loro parole riferite, mentre «Maria, da parte

---

[10] A. SERRA, «Maria di Nazaret nel Vangelo di Luca» in AA.VV., *Maria di Nazaret nella Bibbia* (Dizionario di Spiritualità Patristica 40), Ed. Borla, Roma 2005, p. 348. Anche J.M. FERREIRA MARTINS, «Os motivos da rebeldia de Jesus-Menino», in *Theologica* 44/1 (2009) 167 sostiene che esistono motivi sufficienti di tipo storico-letterario per sostenere che il racconto di Lc 2,41-52 possa essere giunto all'evangelista dalla memoria di Maria.

[11] BRUNO DI SEGNI, *Commento a Luca*, PL 165, p. 365.

[12] X. PICAZA, «Maria y el Espíritu Santo (Hech. 1,14). Apuntes para una mariología pneumatológica», in *Estudios Trinitarios* 15 (1981), 20. Citato da A. SERRA, «Maria di Nazaret nel Vangelo di Luca», p. 348 n. 252.

[13] Maria aveva già ricevuto dall'angelo la promessa dello Spirito al momento dell'incarnazione: «Lo Spirito Santo scenderà su di te e la Potenza dell'Altissimo ti coprirà con la sua ombra» (Lc 1,35), ora attende ancora il suo dono insieme alla comunità cristiana.

sua[14], custodiva tutte queste cose, meditandole nel suo cuore». Ciò che conserva e su cui medita è la nascita di Gesù, il modo e il luogo inconsueto con cui è avvenuto il parto, e soprattutto le parole dell'angelo ai pastori: «Vi annuncio una grande gioia, che sarà di tutto il popolo, oggi, nella città di Davide, è nato per voi un salvatore, che è Cristo Signore. Questo per voi il segno: troverete un bambino avvolto in fasce, adagiato in una mangiatoia» (Lc 2,10-12). È anzitutto il contenuto di quest'annuncio che Maria «custodisce e medita nel suo cuore». Notiamo sin da ora che il primo verbo in greco è *synterein*.

In questo modo finisce la prima fase del racconto lucano della natività: Maria partorisce il figlio, gli angeli annunciano ai pastori la nascita del Messia-Signore, questi vanno a vedere e riferiscono alla madre e agli altri quanto loro annunciato, Maria custodisce attentamente quanto ha ascoltato.

I racconti successivi hanno un'altra ambientazione: non più la mangiatoia di Betlemme, ma il tempio di Gerusalemme. Qui Gesù è presentato (Lc 2,22-38) dopo i giorni previsti per la purificazione della madre, per esservi riscattato secondo la legge mosaica (Nm 18,15), e poi vi ritorna all'età di 12 anni (per il rito del *bar mitzwah*?) [15]: non essendo insieme alla carovana che torna a Nazaret, è ritrovato dai genitori mentre conversa con i maestri della legge (2,41-50). Dopo aver annotato che i genitori non compresero la risposta del figlio alla loro protesta e che insieme tornarono a Nazaret, Luca registra di nuovo che «sua madre custodiva tutte queste cose nel suo cuore» (2,51). Anche stavolta il verbo è *terein*, ma preceduto dalla preposizione *dia* invece di *syn*: *diaterein* «custodire nella propria memoria qualcosa a lungo e con cura».[16]

Cos'ha custodito stavolta Maria nel suo cuore? Certamente gli ultimi fatti del pellegrinaggio a Gerusalemme, soprattutto la risposta di Gesù alla madre: «Perché mi cercavate? Non sapevate che io devo essere nella casa (nelle cose) del Padre mio?». [17]

---

[14] La particella *dé* si potrebbe tradurre anche con «invece», per sottolineare la differenza tra quanti semplicemente si stupiscono di ciò che è annunciato dai pastori e Maria che, invece, tenta di intuire il significato profondo di quelle parole.

[15] Non abbiamo nessun indizio che ci porti ad affermare che al tempo di Gesù vi fosse la celebrazione del *Bar Mitzwah*, dato che storicamente essa è menzionata per la prima volta in un'opera del XV sec. (*Sefer Siyyoni*). Nella *Mishnâh*, di qualche secolo successivo al primo, nel trattato *Abot* V, 24 si prescrive che: «A 5 anni si comincia lo studio della Bibbia; a 10 la *Mishnâh*, a 13 si accettano i comandamenti, a 15 s'inizia lo studio della *Ghemarah*,a 18 anni si sposa». Prima dei dodici anni un giudeo non aveva obbligo di obbedire alla legge mosaica, non aveva alcuna responsabilità morale davanti a Dio, raggiunta quell'età era obbligato ad osservare la legge divina, tra le norme poteva esserci anche il pellegrinaggio annuale per la Pasqua a Gerusalemme. Per i testi rabbinici cf. F. Manns, «Luc 2,41-50, temoin de la Bar Mitswa de Jesus», in *Marianum* 40 (1978) 344-349.

[16] Cf. H. RIESENFELD, *ad vocem* diathre,w, in *GLNT* VIII, p. 1223.

[17] L'espressione greca *en tois tou patros mou dei einai* si presta a questa doppia lettura: «devo essere nella casa/ nelle cose del Padre mio». Come osserva giustamente L. MAZZINGHI, «Perché mi cercavate? Non sapevate che io devo occuparmi delle cose del Padre mio?» (Lc 2,49), in AA.VV., *Maria e il Dio dei nostri Padri, Padre del Signore nostro Gesù Cristo*. Atti del XII Simposio Internazionale Mariologico, Ed. Marianum, Roma 2001, p. 203: «Ritengo che un doppio senso sia senz'altro possibile. Se la preposizione *en* suggerisce un senso locale [nella casa], il verbo *deî* fa pensare piuttosto al piano di salvezza di Dio, dunque al significato di tipo funzionale [nelle cose/negli affari]. Ciò significa che al centro dell'attenzione non c'è tanto un luogo, nel quale pure Gesù si trova, il Tempio, ma una persona, cioè Gesù stesso, visto nella sua relazione col Padre».

Che cosa hanno in comune i due contesti nei quali Luca descrive l'atteggiamento pensoso di Maria? Anzitutto è simile la loro posizione: il primo alla fine del racconto della nascita, il secondo alla fine dei racconti dell'infanzia. Il narratore indica così al lettore come stare di fronte ai fatti raccontati: custodirli nella propria memoria, meditarli nel proprio cuore, cercare di comprenderne il senso. Come la madre di Gesù.

Inoltre la reazione di Maria è registrata da Luca dopo due annunci: quello degli angeli, riferito dai pastori, e dopo quello del figlio stesso al Tempio. In entrambi i casi si tratta di annunci ricchi di contenuti cristologici: nel primo Gesù è proclamato dall'angelo «Salvatore, Messia, Signore», nel secondo, di se stesso dice che «deve occuparsi delle cose del Padre suo».[18] Non è superfluo notare che di solito si trattiene e si custodisce nella memoria un fatto o un'espressione significativa: Maria aveva sentito attribuire al suo bambino titoli messianici e divini e dalla sua stessa bocca l'aveva udito parlare di IHWH come «Padre mio».

III. I verbi synterein-diaterein e symballein.

Abbiamo già accennato ai primi due verbi: un'attenta analisi filologica ci aiuterà a capirne meglio il significato, insieme all'altro verbo *symballein*.

a. Il verbo greco *tereo* indica l'atto reale di "osservare-sorvegliare" qualcosa o qualcuno con lo scopo di proteggerlo, custodirlo, difenderlo e conservarlo.

Insieme alla preposizione *syn* esso si trova ancora in Mt 9,17 e Mc 6,20. La prima volta nel detto di Gesù sul vino e gli otri: solo in quelli nuovi entrambi si conservano (*synterountai*). La seconda volta a proposito di Erode Antipa, che, timoroso della predicazione del Battista, lo proteggeva (*syneterei*). In entrambi i casi, il senso è quello di preservare, custodire qualcuno o qualcosa per impedire che vada perduto. Nella versione greca di Dan 4,48 si dice che Nabucodonosor «tratteneva (*suneterese)* nel suo cuore le parole» con le quali il sapiente ebreo gli aveva interpretato il sogno dell'albero caduto. Anche in questo caso si descrive l'atto di non disperdere qualcosa conservandola nel cuore. Quest'ultimo è come uno scrigno dove conservare ciò che si vuole preservare, trattenere ciò che non si vuole perdere. In tutt'e tre i casi, l'oggetto del verbo è qualcosa di estremamente significativo per chi custodisce: il vino nuovo, un profeta e le sue parole, l'interpretazione di un sogno.

Questi significati corrispondono bene all'uso di *syn-terein* in Lc 2,19: Maria serbava, raccogliendoli insieme nel suo cuore, quanto aveva visto accadere e udito durante la visita dei pastori a Betlemme. La portata di quelle parole e di quei fatti è talmente sorprendente e nuova da farle subito intuire che sarebbe stato necessario del tempo per poterne capire il senso. E allora non bisognava disperderne il contenuto.

---

[18] Così commenta ORIGENE, *Omelie su Luca* (Sources chretiennes 87), p. 499: «Quali sono le parole che la Vergine conservava? Quelle che l'angelo le aveva rivolto, quelle dei pastori, quelle di Simeone e Anna, ciò che ora il Cristo aveva detto loro. Anche se Maria e Giuseppe non avevano perfettamente capito le parole di Gesù, la madre di Dio, tuttavia, ha compreso che esse erano divine e superavano l'umano».

Ancora con il senso di «custodire» ritroviamo lo stesso verbo in 2,51, ma stavolta la preposizione *dia* indica che i fatti e le parole da proteggere sono tanti e distribuiti nel tempo, essi esigono cura e una buona tenuta della memoria. Pena la perdita di quanto vissuto. Ancora nella LXX ritroviamo uno stesso atteggiamento: Giacobbe, tratteneva nella sua memoria il racconto dello strano sogno avuto dal figlio Giuseppe (Gen. 37,11LXX).

Concludendo, possiamo dire che Maria non voleva andasse perduto e dimenticato niente di quanto le era accaduto dal momento in cui Dio aveva «guardato all'umiltà della sua serva» (1,48). Quanti annunciavano la venuta di suo figlio o lo incontravano esultavano di gioia (1,41-45), dicevano di lui cose straordinarie, lei stessa era proclamata «benedetta tra le donne, madre del Signore». Lo Spirito, protagonista dei racconti lucani dell'infanzia, l'aveva presa in una sorta di vortice di eventi, di parole (il sostantivo *ta remata* «queste cose» indica sia le parole che i fatti, come quello ebraico *d^{e}barim*). Niente andava perso, tutto doveva essere conservato.

Dove o per mezzo di cosa? In entrambi i casi l'evangelista fa seguire i verbi composti di *tereo* dalla locuzione *en te kardia autes* «nel suo cuore». Nel significato semitico originale il termine *leb*[19] (greco *kardia*) non indica solo la sede dei sentimenti umani[20] ma anche dell'intelligenza e della volontà[21]: «Ma fino ad oggi il Signore non vi ha dato un cuore (intelligenza) per comprendere, né occhi per vedere, né orecchi per udire» (Dt 29,3). Nel linguaggio semitico «essere tardi di cuore» significa «essere lenti di comprendonio» (Lc 24,25). Un cuore indurito si rifiuta di voler conoscere, mentre un cuore intelligente ricerca la conoscenza (Prov 8,5; 18,15; 16,23). Per questo la conoscenza e la sapienza sono strettamente collegate all'ascolto, cuore e orecchio dell'uomo spesso collaborano nell'atto di conoscere: «Il cuore intelligente acquista la scienza, l'orecchio dei saggi ricerca il sapere» (Prov 18,15), mentre «chi indurisce il cuore cadrà nel male». Dall'ascolto, inoltre, nasce la decisione, dalla conoscenza l'azione:

L'israelita, da un punto di vista linguistico, riesce con difficoltà a distinguere fra "riconoscere" e "scegliere", fra "udire" e "obbedire". La difficoltà che ne risulta per il nostro modo di pensare che tende alla distinzione, trova il suo fondamento nella impossibilità di fatto di scindere la teoria dalla prassi. E per questo il cuore è a un tempo l'organo della comprensione e del volere. Nell'azione progettatrice dell'uomo, nel suo stabilire dei piani [...] si compie il passaggio dalla ponderazione e dalla riflessione all'azione.[22]

---

[19] Ricorrendo ben 598 volte in questa forma e 252 volte come *lebab* rappresenta il concetto antropologico più frequente dell'Antico Testamento. A differenza di altri termini come *basar* «carne», esso è riferito quasi esclusivamente al cuore dell'uomo.

[20] Nell'antropologia semitica la sfera emotiva dell'uomo è quella maggiormente governata dal cuore: agitazione e calma angoscia e allegria, ilarità, invidia, albergano nel cuore dell'uomo (Sl 25,17; 119,32; 13,6; Prov 14,30; 17,22).

[21] Cf. H.W. WOLF, *Antropologia dell'Antico Testamento*, Ed. Queriniana, Brescia 1975, p. 79: «Lo spettro semantico del concetto "cuore" [...] copre tutto l'ambito delle emozioni, delle funzioni intellettive, delle funzioni volitive, e si deve tener conto che la Bibbia col concetto di "cuore" ha presente soprattutto il centro dell'uomo che vive in maniera consapevole. Questo soprattutto bisogna considerare come specifico e caratteristico del cuore nel linguaggio biblico: il cuore è chiamato alla ragione, soprattutto all'accoglienza della parola di Dio», cf. anche pp. 58-83.

[22] H.W. WOLF, *Antropologia dell'Antico Testamento*, p. 73.

Escludendo ogni caduta intimistica e sentimentale, possiamo dire che il cuore di Maria era il luogo in cui cercava di capire, registrare e conservare le cose riguardanti il figlio. È proprio della persona sapiente, infatti, trattenere quanto si è ascoltato, farlo rimanere nella propria memoria, custodirlo nel proprio animo. E questo vale soprattutto per la rivelazione di Dio, per le sue parole dette all'uomo «Questi precetti che oggi ti do, ti stiano fissi nel cuore [...]. Osserva i miei precetti e vivrai [...], legali alle tue dita, scrivili sulla tavola del tuo cuore» (Dt 6,6; Prov 7,3). Trattenendo nel proprio cuore le parole e gli accadimenti divini appena conosciuti, la sapiente Maria si mostra nel proprio cuore attenta a Dio, pensa e riflette, la sua mente è rivolta a lui, il suo cuore è ac-cordato col cuore di Lui.

Ma non si tratta di una registrazione passiva, come quella di una macchina fotografica o la memoria di un cellulare. Il verbo *symballousa* al participio, messo accanto a *synterein*, ci suggerisce la modalità con cui Maria conservava nel tesoro della sua memoria.

b. Il verbo *Sym-ballo* indica l'azione del «mettere insieme», e quindi del «confrontare, comparare, valutare» ciò che si è messo insieme. Nella semantica del verbo predomina l'idea del confronto tra due o più cose e della successiva spiegazione che emerge da quel confronto. Si tratta di mettere a paragone «diversi aspetti di un evento, di una situazione, per giungere a formulare un'interpretazione ben definita, una visione chiara, un'esegesi (si direbbe) dei fatti attorno ai quali si esercita la mente, con l'intento di trovare una spiegazione. E il tutto come risultato di una riflessione che tiene conto di molteplici elementi e indizi».[23] Il confrontare e valutare permettono l'interpretazione dei dati che la memoria raccoglie.

Con l'espressione «conservava tutte queste cose meditandole nel suo cuore», Luca presenta al lettore Maria come il modello ideale con cui stare di fronte a tutte le cose che riguardano Cristo: raccogliere quanto gli è annunciato, conservarlo nella memoria, soppesando bene i vari aspetti del suo avvenimento, comprendendone il senso. Si tratta di un'azione dello spirito di fronte al contenuto della fede e non di una catalogazione storica di fatti o di un ricordo nostalgico del passato. S. Ambrogio commenta: «La Vergine santa meditava nel suo cuore gli argomenti della fede».[24] I fatti che accadevano, gli annunci che ascoltava, le reazioni di chi incontrava Gesù, erano occasioni per capire come Dio stava intervenendo nella sua vita e in quella del suo popolo. Ma non si può escludere che in questo confronto rientrassero anche le profezie messianiche delle Scritture del suo popolo. D'altronde il termine ebraico *dabar* (*rema* in greco), letteralmente indica l'«essere dietro» (il lato posteriore del Tempio di Gerusalemme, il santo dei santi, è chiamato infatti *debîr*)[25]: ogni cosa che accade ha il suo *dabar*, il suo cuore nascosto, il suo senso profondo che solo è in grado di spiegarla. Niente nella mentalità biblica è senza senso, ogni avvenimento è *dabar*, accadimento e significato insieme. Fatto e parola sono la stessa cosa. Dell'uno e dell'altra la madre di Gesù tentava di afferrare il significato.

---

[23] A. SERRA, *E c'era la madre di Gesù. Saggi di esegesi biblico mariana (1978-1988)*, Ed. Cens-Marianum, Milano 1989, p. 363.

[24] AMBROGIO, *Esposizione del vangelo secondo Luca*, I, Ed. Biblioteca ambrosiana-Città Nuova, Roma 1978, p.195.

[25] Non tutti sono d'accordo con quest'etimologia del termine *dabar*: cf. W.H. SCHIMDT, *dābar*, GLAT, II, pp. 109-110.

Il cuore di Maria è un cuore vivo, non indurito; il suo spirito è vivo, in grado di recepire e di mantenere nella memoria quanto va accadendo, per provare a comprenderne il senso. Il canto del Magnificat è forse il risultato poetico di quest'esercizio del cuore che fa riconoscere a Maria quello che Dio sta generando nella sua vita e in quella del suo popolo: «Ha guardato alla miseria della sua serva...grandi cose ha fatto per me l'Onnipotente...Santo è il suo nome...Ha soccorso Israele suo servo, ricordandosi della sua misericordia». G. Rossé così scrive a proposito:

> Così Maria, per mezzo delle parole di rivelazione e di eventi nei quali Dio la coinvolge, cresce nella fede, fino a diventare il "tipo" del discepolo che ascolta la parola e la mette in pratica (Lc 8,21). Anche Maria giungerà alla fede piena, assieme agli apostoli, soltanto con l'evento pasquale. Ma fin d'ora l'evangelista "presenta Maria come il tipo della Chiesa che vive della parola che ha ricevuto da Dio".[26]

S. Ambrogio scrive che «Maria, pur senza avuto il comando, ci ha dato l'esempio».[27] Anzitutto nel modo di stare di fronte alla realtà: ascolta e osserva quanto accade al figlio e a lei. La realtà, fatta di persone, eventi e parole, è il luogo in cui Dio parla all'uomo. Essa è sempre nuova e testarda, impossibile sfuggirle o far finta che non ci parli. Con atteggiamento di apertura e disponibilità, Maria ascolta quando i pastori le riferiscono dell'annuncio dell'angelo, o quando Gesù la spiazza dicendole che prima di lei e di Giuseppe, egli deve occuparsi e preoccuparsi "delle cose del Padre suo".

Ascolta e osserva, non passivamente ma collegando i vari avvenimenti, perché la sua vita non è un insieme confuso e disordinato di pezzi sparsi nel tempo. Si tratta di un disegno che lentamente si dipana mostrando la sua unità e finalità. E lei soppesa e valuta i segni che, nel dipanarsi della vita, Dio le offre.[28] Nel valutare quanto le accade, nel capire in che modo Dio sta operando nella sua storia e in quella del suo figlio, Maria ha due chiari criteri di discernimento: da un lato il cuore, dall'altro la tradizione dei padri, il patrimonio di fede del suo popolo. Il suo cuore educato dalla fede ebraica è in grado di valutare se quanto ascolta o vede possa corrispondere all'attesa messianica che pervade gli spiriti più veri e sensibili d'Israele. Bisogna sempre «mettere insieme, confrontare» (*sym-ballein*) quello che accade con quello che il cuore desidera di buono, di bello e di vero. Quello di Maria è oltretutto un cuore di donna credente, capace di cogliere quelle sottigliezze e quelle sfumature spesso invisibili ad altri occhi.

La tradizione di fede del popolo ebraico le offriva, inoltre, una messe di eventi e personaggi, in cui Dio aveva parlato. Essa era un ottimo termine di paragone per capire se quanto le andava accadendo poteva dirsi iscritto nel suo piano salvifico. Il participio presente *symballousa* ci dice che Maria metteva a confronto continuamente gli eventi del figlio con la storia del suo popolo. Questo raffronto le permetteva di capire il senso profondo degli eventi

---

26 G. ROSSÉ, *Il Vangelo di Luca*, Ed. Città Nuova, Roma 1995^2, p. 94.

27 AMBROGIO, *Esposizione del vangelo secondo Luca*, I, Ed. Biblioteca ambrosiana-Città Nuova, Roma 1978, p.193.

28 Origene, *Omelie su Luca*, p. 499, descrive bene il lavoro «ermeneutico» compiuto da Maria: «La Vergine non accoglieva niente tale e quale di ciò che si diceva o avveniva, ma ella conservava tutto in se stessa; ne comprendeva spiritualmente una parte, ricercava il senso del resto, perché sapeva che sarebbe venuto il tempo in cui ciò che è nascosto sarebbe stato manifestato in Cristo».

che riguardavano lei e colui che le era stato annunciato come Messia, Figlio dell'Altissimo, discendente di Davide, Salvatore e Signore. «Pur senza aver studiato, Maria ricorda e approfondisce le Scritture, le interpreta e attualizza costantemente, cercando di scoprire, non senza sofferenza, un enigma, l'enigma permanente di Gesù».[29]

E questo fa la differenza tra lei e altri personaggi che assistono ad alcuni eventi dei Vangeli dell'infanzia. In 2,19 Luca registra, oltre a Maria, la presenza di altri ad ascoltare (*pantes oi akousantes*) le parole dei pastori. Di loro l'evangelista dice che «si meravigliarono udendo quelle parole». Mentre di lei precisa che «le custodiva meditandole nel suo cuore». La congiunzione coordinante avversativa *de* «invece» sottolinea la differenza di reazione tra la madre di Gesù e tutti gli altri. Lo stesso atteggiamento di stupore è attribuito dall'autore a quanti assistono alla scelta del nome del figlio di Zaccaria ed Elisabetta: «Tutti furono meravigliati». Dei vicini di casa dei due coniugi egli specifica che «furono presi da timore», mentre di quanti nella regione udivano quelle cose si aggiunge che «le ponevano nel loro cuore» (*ethento... en te kardia auton*) e dicevano «che sarà mai di questo bambino?» (Lc 1,63.65.66). Anche in questo caso si può cogliere la differenza tra l'atteggiamento di costoro e quello di Maria: il loro «porre nel cuore» significa «accogliere, prestare attenzione», il che non è lo stesso di «conservare, custodire nel cuore». Il loro discorrere della sorte futura del bimbo Giovanni è cosa ben diversa dal suo «meditare e valutare».

In questo senso Maria s'inserisce nella grande tradizione sapienziale d'Israele[30], che interpreta la realtà e il mondo alla luce della Sapienza divina manifestata nella Torah.[31] La vicenda e la fede di Abramo, la vocazione e la vita dei profeti, la storia di Anna madre di Samuele etc. erano per lei modelli di fede con cui paragonarsi, per capire cosa Dio stava compiendo anche in lei come madre del Messia.

IV. I Padri della Chiesa.

La voce dei Padri sottolinea alcuni aspetti del silenzio meditativo di Maria. **Gli scrittori di area orientale** si soffermano soprattutto a considerare il senso del participio *symballousa*. Giovanni Geometra (II sec.) utilizza una serie di sinonimi per declinare meglio il senso del verbo lucano: Maria «raccoglie, raduna insieme quanto le capita, le accade (*tuchòn sunathroízousa*) e le conserva nel suo cuore, confronta le cose che accadono (*tuchòn antiparabállousa*) l'una dopo l'altra ed esamina (*symbibázousa*) non solo le cose dette ma anche quelle viste».[32] Nulla di quanto accade dinanzi a lei sfugge alla sua attenzione. In un crescendo d'interiorizzazione e comprensione, ella raccoglie-conserva-confronta-esamina ciò che vede e sente.

---

[29] N. CALDUCH-BENAGES, «Sapienza», in *Mariologia* (a cura di S. DE FIORES-V.FERRARI SCHIEFER-S.M.PERELLA), Ed. S. Paolo, Milano 2009, p. 1065.

[30] Si noti che il verbo *sunterein* è utilizzato nella LXX per descrivere l'attività del tipo-saggio scriba e del sapiente Daniele: cf. Sir 39,2 e Dan 7,28 (Theod).

[31] Sul rapporto tra Maria e la sapienza ebraica cf. A. SERRA, «La presenza e la funzione della madre del Messia nell'Antico Testamento. Princìpi per la ricerca e applicazioni», in *Maria di Nazaret nella Bibbia* (Dizionario di spiritualità biblico-patristica 40), ed. Borla, pp. 109-140.

[32] A. MAI, *Scriptorum veterum nova collectio e Vaticanibus codicis edita*, IX, Roma 1837, p. 648.

Grazie a quest'attività, secondo Fozio (+ 891), ella riesce a «ricevere un retto giudizio»[33] (*tèn krísin orthèn anedécheto*) sulla natura divina di Gesù. Sulla stessa linea anche Teofilatto (+ 1108 ca): Maria alla fine della sua riflessione arriva al giudizio, alla «conclusione sinfonica che il suo Figlio è Dio (*sýmphonon gnómen oti Theòs estin o uiòs autês*)».[34] Il giudizio teologico su Gesù nasce nella madre come una verità sinfonica, grazie al concorso di tante voci che le hanno parlato e di fatti che ha visto accadere.

Due sottolineature emergono da questi testi. Da un lato, il percorso che Maria ha fatto è interamente umano: la sua conoscenza è andata progressivamente crescendo. Fede e conoscenza hanno camminato in lei di pari passo durante l'infanzia di Gesù e l'hanno portata ad accogliere lentamente una certezza finale (*teleiotéran eréma dechoméne plerophorían*). Così si esprime Eutimio[35] (XII sec.). Sia che si tratti di una sinfonia o di un cammino, tutti i padri greci concordano nel ritenere che la sua attitudine di conservare nel cuore non consiste nella semplice raccolta di dati, ma rappresenta un cammino di conoscenza che ha come oggetto l'identità del figlio generato e che porta a una *krísis* o *gnome*. Dall'altro lato, la frequente ricorrenza del verbo *dechomai* suggerisce che Maria non ha fatto un cammino indipendente dalla grazia divina: ella ha accolto la verità ricevuta su suo figlio. Discernimento dell'intelligenza e accoglienza nella fede l'hanno portata a comprendere l'identità soprannaturale di quest'ultimo.

I padri latini insistono sull'attività di comparazione esercitata da Maria (*symballousa*). Per Girolamo nel momento in cui la Vergine osservava il figlio nella mangiatoia e lo sentiva vagire, comprendeva che si stavano realizzando davanti a lei le voci dei profeti che riecheggiavano nel suo animo.[36]

Beda il Venerabile la descrive impegnata in una sorta di attività ermeneutica di tipo *midrashico*:

Anche se taceva con la bocca ripensava frequentemente al suo segreto col cuore sempre vigile. Ecco ciò che significa: *Vi rifletteva in cuor suo*. Metteva a confronto ciò che vedeva essersi già compiuto con ciò che aveva letto che si sarebbe compiuto. Vedeva che, nata a Nazaret dalla stirpe di Davide, aveva concepito il Figlio di Dio dallo Spirito Santo. Aveva letto nel profeta: *Uscirà un virgulto dal tronco di Iesse e un nazareo verrà su dalle radici e sopra di lui si poserà lo Spirito del Signore* (Is 11,1-2). Aveva letto: *E tu Betlemme di Efrata, tu sei piccola tra le migliaia di Giuda, ma da te uscirà colui che deve regnare in Israele, e la sua origine è dall'inizio, dai giorni dell'eternità* (Mic 5,2). Vedeva che a Betlemme aveva partorito il dominatore d'Israele, colui che era nato eterno dal padre prima dei secoli; vedeva che vergine aveva concepito e partorito un figlio e lo aveva chiamato col nome di Gesù; aveva letto nei profeti: *Una vergine concepirà e partorirà un figlio e lo chiamerà Emmanuele* (Is 7,14); aveva letto: *Il bove ha conosciuto il suo padrone e l'asino la mangiatoia del suo padrone* (Is 1,3). Vedeva il Signore posto in una mangiatoia, dove erano soliti venire il bue e l'asino a mangiare [...]. Confrontava dunque Maria ciò che aveva letto doversi compiere con

---

33 *IBIDEM*.

34 TEOFILATTO, *Enarratio in Evangelium Lucae*, PG 123, pp. 725-726.

35 EUTIMIO, *Evangelium secundum Lucam*, PG 129, pp. 887-888.

36 GIROLAMO, *Homilia de Nativitate Domini*, CCL 78, p. 527.

ciò che sapeva già avvenuto; tuttavia non lo esprimeva a parole, ma lo conservava nel cuore.[37].

Maria appare agli occhi dei padri d'occidente come la prima cristiana che legge l'Antico Testamento alla luce dell'evento di Cristo: esso è come una grande profezia del suo avvento. Aimone (+ 853) dice espressamente che ella conosceva già gli oracoli profetici che lo riguardavano: «Confrontava quelle cose che vedeva in lui accadere con quelle che di lui aveva letto, tanto più ella credeva con verità che egli era Dio, quanto più vedeva che in lui si compivano quanto di lui aveva letto».[38] Sulla stessa linea Vernerio (+ 1126): «Confronta le parole dei profeti coi fatti, e in tutto trova argomenti di fede».[39] È come se Maria anticipasse la lettura ermeneutica che Cristo risorto farà ai discepoli di Emmaus: «E cominciando da Mosè e da tutti i Profeti, spiegò loro in tutte le Scritture ciò che si riferiva a lui» (Lc 24,27). Quello che la comunità apostolica farà più tardi dopo la risurrezione, la madre di Gesù avrebbe cominciato a farlo fin dai primi momenti della vita del figlio.

V. Le cose (remata) che Maria custodisce e medita nel suo cuore.

Come abbiamo già accennato, il termine greco *rema* (in ebraico *dabar*) non vuol dire semplicemente «parola», ma anche «fatto, cosa». Nella teologia lucana la parola annunziata non rimane senza realizzazione, diventa fatto in cui Dio esercita la sua azione salvifica nei confronti dell'uomo, che ha il compito di crederle: «Ecco la serva del Signore, **avvenga** per me secondo la tua **parola**» (Lc 1,38). La parola-evento, entrata nella storia, suscita timore, domande tra gli uomini «Tutti i loro vicini furono presi da timore, e per tutta la regione montuosa della Giudea si discorreva di **tutte queste cose**». Da Maria essa è conservata e meditata nel cuore (2,19.51). Infine, dopo l'Ascensione, è annunciata da coloro che ne furono testimoni: «E di **questi fatti** siamo testimoni noi e lo Spirito Santo» (At 5,32).

In 2,19 il termine *rema* si trova in bocca ai pastori (2,15.17) e si riferisce a quello che Dio ha fatto conoscere loro tramite gli angeli. Il contenuto dell'annuncio angelico riguarda la nascita nella **città di Davide del Salvatore, che è il Cristo Signore, il segno** è il bambino avvolto in fasce nella mangiatoia. I termini sottolineati hanno tutti un forte valore teologico, è questo l'oggetto della riflessione di Maria.

In 2,51b, invece, il termine *rema* è preceduto da *panta*. A cosa si riferisce Luca con l'espressione «tutte queste cose»? Al movimentato evento del pellegrinaggio a Gerusalemme col ritrovamento del dodicenne Gesù al Tempio e le parole di quest'ultimo o a tutte le cose avvenute dopo la prima descrizione della madre che conserva e medita da 2,21 in poi: la circoncisione all'ottavo giorno, l'offerta di riscatto del bambino al tempio e il misterioso incontro con Simeone, le sue parole, e la profetessa Anna, il pellegrinaggio a Gerusalemme e le parole misteriose di Gesù ai genitori? A favore della prima ipotesi abbiamo diversi indizi: la puntualizzazione dell'autore in 2,50: «ma essi non compresero le parole che aveva detto

---

[37] BEDA IL VENERABILE, *Omelie sul Vangelo*, 1,7.

[38] AIMONE, *Homilia XVII, Dominica prima post Epiphania*, PL 118, p. 125.

[39] VERNERIO, *In Nativitate Domini, secundum Lucam*, PL 157, 778-779.

loro» con la presenza del sostantivo *rema* e del verbo *suniemi* «comprendo»; la posizione di 2,51b tra 2,51a e 2,52 con il richiamo alla sottomissione di Gesù verso Dio e i genitori, dopo le parole di Gesù alla madre nel Tempio (2,49); la presenza in 2,40 di un sommario simile al nostro, con cui Luca chiude la fase della fanciullezza di Gesù.

A favore della seconda: la posizione di 2,51b alla fine di tutti i racconti dell'infanzia e prima del ministero pubblico di Gesù; il plurale dell'espressione «tutte queste cose»; il verbo con la preposizione preformante *dia-tereo* che potrebbe suggerire un custodire nel tempo e con cura eventi accaduti nel passato. In questo modo non rimarrebbero fuori dalla meditazione di Maria i misteriosi e teologicamente importanti fatti e parole con Simeone e Anna al Tempio.

Consideriamo il contesto in cui si trova la nostra espressione. Il v 51b si trova incastonato tra due notizie narrative entrambe riguardanti Gesù: tornato a Nazaret con i genitori «era loro sottomesso/cresceva in sapienza, età e grazia davanti a Dio e agli uomini» (2,51a/2,52). Nella prima si sottolinea, quasi in contrasto con le parole dette da Gesù al Tempio, la sottomissione del ragazzo al padre e alla madre; nella seconda si afferma che, come il giovanetto profeta Samuele (1Sam 2,21), egli *cresceva* in sapienza età e grazia *davanti a Dio* e agli uomini.

Sembra esserci in questi versetti, molto probabilmente redazionali, la volontà di affermare da parte dell'autore la doppia relazione di dipendenza di Gesù: con i genitori (in termini più ampi: con gli uomini) e con Dio.[40] Si noti lo stretto rapporto con la pericope precedente (2,41-50), in cui è posta la questione della possibile coincidenza di questa doppia relazione: «Figlio, perché ci hai fatto così? Ecco, **tuo padre e io**, angosciati, ti cercavamo/ Perché mi cercavate? Non sapevate che io devo occuparmi delle cose del **Padre mio**?» (2,48-29). Relazione misteriosa e non compresa dai genitori: «Ma essi non compresero la parola (*rema*) che egli aveva detto loro» (2,51). Da questo emerge che tutte le cose custodite da Maria riguardano quanto accaduto durante il pellegrinaggio, le parole del figlio al Tempio, il suo essere poi sottomesso a lei e al padre.

Diamo ora un'occhiata al contesto più ampio di 2,51. In 2,40 Luca annota con parole simili la crescita di Gesù: «il bambino cresceva e si fortificava pieno di **sapienza** e **la grazia di Dio** era sopra di lui». Così l'autore riassume il periodo che va da dopo la presentazione al Tempio a prima del pellegrinaggio a Gerusalemme (per l'ultima volta si usa il termine *paidion* «bambino»; in 2,43 egli è un «fanciullo» *pais*). In 2,21 sembra esserci un altro sommario a chiusura dei primi otto giorni di vita del bambino. Abbiamo così una suddivisione temporale e spaziale: i primi otto giorni di vita e circoncisione (primo sommario: 2,21), presentazione al tempio di Gerusalemme nei giorni della purificazione/ritorno e crescita a Nazaret (secondo sommario: 2,40), pellegrinaggio a Gerusalemme dopo 12 anni/ritorno e crescita a Nazaret (terzo sommario: 2,51-52).[41]

---

[40] Così commenta il rapporto tra queste due sottomissioni J.M. FERREIRA MARTINS, «Os motivos da rebeldia de Jesus-Menino», p. 167: «A submissão de Jesus aos seus pais não era uma submissão servil, timorata, acomodada. Era una submissão fruto de outra submissão: a das coisas do seu Pai».

[41] Questo terzo sommario fa da collegamento tra la conclusione del periodo della giovinezza di Gesù e l'inizio del suo ministero pubblico, in parallelo col corrispettivo sommario riguardante il Battista:

Luca racconta la vita ordinaria di Gesù in termini sintetici e fuori di Gerusalemme (soprattutto a Nazaret), mentre a Gerusalemme, nel Tempio, la descrive più ampiamente. Dunque, il racconto di Gesù dodicenne al Tempio da un lato conclude il periodo storico dell'infanzia e dall'altro immette nella fase del ministero pubblico di Gesù (capp. 3-24).

Tornando alla domanda sulle cose che Maria custodisce, non è necessario considerare le due opzioni come alternative tra loro. Preferiamo pensare l'espressione di 2,51b come la conclusione e il culmine dell'infanzia di Gesù, di quel meditativo e intelligente silenzio di Maria, iniziato al momento della nascita di Gesù con la visita dei pastori. Da un punto di vista teologico le parole di Gesù al Tempio rappresentano il punto più alto dei primi due capitoli di Luca: a testimoniare sull'identità del figlio non sono dei pastori, dei sacerdoti (Simeone) o profeti (Anna), ma lo stesso Gesù ancora adolescente. La missione che egli annuncia e l'identità che si attribuisce rivelano un rapporto singolarissimo con IHWH: «è necessario che io sia nelle cose del Padre mio (che io mi occupi delle cose del Padre mio)».

> Sommando i vari apporti narrativi del brano, si arriva a concludere che la risposta di Gesù è il punto focale non solo di Lc 2,41-51a, ma dell'intero vangelo lucano dell'infanzia. Fino a questo momento, altri hanno reso testimonianza a Gesù. Ora è Gesù stesso che parla di sé, in rapporto al Padre suo. E si osserva rettamente che nell'ambito del terzo vangelo la prima e l'ultima Parola di Gesù sono relative al Padre (Lc 2,49: «nella casa/nelle cose del Padre mio; 23,46: «Padre, nelle tue mani consegno il mio spirito»).[42]

La sua affermazione rappresenta il picco più alto delle dichiarazioni sulla sua identità: è il Messia davanti al quale camminerà Giovanni Battista (Lc 1,69.76), il figlio di Davide che regnerà sulla casa di Giacobbe (1,33), il Figlio dell'Altissimo (1,32), il Signore (2,11; 1,42), il Salvatore (1,69; 2,11), gloria e luce d'Israele (2,32), il Figlio di Dio. Tutto il capitolo 2 sembra avere le caratteristiche di un'*omologhia* sotto forma di narrazione e culminante nell'affermazione di Gesù Figlio di Dio.[43]

Se i precedenti titoli attribuiti al bambino in Betlemme e Gerusalemme erano teologicamente altisonanti, il compito e il rapporto unico con il Dio d'Israele, da lui stesso descritti, portano Maria verso un «oltre» ancora più ricco di mistero e da capire nel tempo: che avrà voluto dire il figlio con quel «devo», che significato avrebbe avuto nella sua vita l'«essere nelle cose del Padre suo»? A quali cose intendeva riferirsi? Al culto del Tempio, alla redenzione d'Israele, alla realizzazione del Regno di Dio? Come Samuele avrebbe servito Dio come profeta al Tempio?

Le sue parole hanno una profondità di mistero tale che soltanto un continuo silenzio interiore e una continuata meditazione nel tempo futuro, grazie a nuove parole e rivelazioni,[44] permetteranno di capirne il senso.

«Il bambino cresceva e si fortificava nello spirito. Visse in regioni deserte fino al giorno della sua manifestazione a Israele» (1,80).

42 A. SERRA, «Maria di Nazaret nel Vangelo di Luca», p. 334.

43 Cf. SCHÜRMANN, *Das Lukasevangelium*, I, Ed. Herder, Freiburg 1982², p. 264 n. 263.

44 Gli esegeti sono d'accordo nel ritenere che l'episodio narrato da Luca non è un semplice ricordo dell'avvenimento descritto, ma la redazione postpasquale dello stesso da parte dell'autore e della

Rimane comunque impressionante che l'evangelista faccia precedere e seguire questa straordinaria auto-rivelazione di Gesù da due intrusioni narrative, col chiaro scopo di sottolineare l'ordinarietà della sua crescita umana nel contesto della sua famiglia: «Il bambino cresceva e si fortificava, pieno di sapienza, e la grazia di Dio era su di lui (...). Scese dunque con loro e venne a Nazaret e stava loro sottomesso (...). E Gesù cresceva in sapienza, età e grazia davanti a Dio e agli uomini» (2, 40.51-52). Come a dire che la straordinarietà e l'ordinarietà nella sua vita coincidevano.

VI. Il senso teologico del rema custodito da Maria: apocalittico, sapienziale, pasquale?

Dopo aver individuato il contenuto del termine *remata* di 2,19.51, cerchiamo di capirne la portata teologica. Si tratta di una rivelazione misteriosa che Maria accoglie e tenta di decifrare, come Daniele che, dopo aver avuto la visione apocalittica delle quattro bestie e averla interpretata, rimase molto turbato nei pensieri e **conservò tutte queste cose nel suo cuore** (***to rema en kardia mou suneteresa***, Dan 7,28Theod)?[45] Oppure il suo atteggiamento somiglia a quello del saggio scriba di Sir 39,1LXX, che «impegnando il suo animo a meditare la Legge dell'Altissimo, ricercherà la sapienza di tutti gli antichi, si dedicherà allo studio delle profezie, **conserverà (*sunteresei*)** i detti degli uomini famosi e penetrerà le sottigliezze delle parabole, ricercherà il senso recondito dei proverbi e si occuperà degli enigmi delle parabole»?

Un confronto tra il testo lucano e quello di Siracide e Daniele mostrerà i punti di somiglianza, ma soprattutto la diversità e la peculiarità della ricerca e della riflessione di Maria rispetto a quella del profeta apocalittico e del saggio maestro.

La presenza del verbo *syn-tereo* pone la vergine di Nazaret sullo stesso piano di Daniele:

Il verbo *synteréo* ha paralleli nella letteratura apocalittica: è l'atteggiamento riflessivo che contraddistingue coloro che hanno avuto una visione rivelativa da custodire attentamente nella memoria in attesa del suo compimento. Così sono caratterizzati Giuseppe il sognatore

---

comunità credente. Cf. F. MANZI, «L'attestazione del terzo Vangelo sull'autocoscienza di Gesù dodicenne» in *ScC* 131 (2003) 444.

[45] La tesi fu sostenuta per primo da F. NEIRYNCK, *L'Évangile de Noël selon s. Luc*, Bruxelles-Paris 1960. L'autore olandese notò giustamente che l'espressione «conservare le parole nel cuore» oltre che in testi normativi (Dt 6,6; 11,18) si trova anche nella letteratura apocalittica (Dan 7,28; cf 8,26; 10,24; 12,4.9; IVEsd 12,11-12; 14,8; Assunzione di Mosè 10,11; Testamento di Levi 6,2; 18,19) come frase stereotipata per chiudere una visione messianica che deve essere conservata fino al suo compimento. Inoltre nel racconto della nascita di Gesù (2,1-20) vi sono diversi termini che richiamano il genere apocalittico: la visione degli angeli e il loro annuncio ricco di titoli messianici, la *gloria* del Signore che avvolge di *luce* i pastori, il segno che conferma l'annuncio della rivelazione. Il verbo *symballein* utilizzato da Luca si trova infine nel greco classico a proposito di oracoli divini o sogni. Anche in 2,51, Maria, dopo aver ricevute tutte le rivelazioni riguardanti Gesù, assomiglia ad un veggente apocalittico che alla fine della visione rimane in un silenzio carico di contemplazione e di attesa del compimento di quanto ha visto.

(Gen 37,11), Daniele (Dan 7,28) e altri personaggi[46] della letteratura apocrifa: Maria è paragonata ai sapienti che cercano di penetrare il senso dei misteri loro rivelati.[47]

Lo stesso Enoch, dopo aver trasmesso ai suoi discepoli la rivelazione sulla sorte futura dei giusti e degli ingiusti, li esorta con queste parole: «Ora, figli miei, vi dico di amare la giustizia e camminare in essa [...]. E **ritenete la mia parola nella riflessione del vostro cuore**, e non svanisca da esso [...]. In quei giorni, beati tutti coloro che accolgono la parola di sapienza e la comprendono, che praticano le vie dell'Altissimo e camminano nella via della giustizia».[48] L'autore del Testamento di Levi, dopo aver raccontato che quest'ultimo ha avuto una visione nel sonno, fa dire al protagonista: «Dopo queste cose mi svegliai e benedissi l'Altissimo e l'angelo [...]. E **trattenni queste parole nel mio cuore**».[49] Un atteggiamento simile Marco lo descrive per i discepoli di Gesù dopo la rivelazione pre-pasquale della trasfigurazione: «Ed essi tennero presso di sé questa parola».[50]

Anche il rabbi del Siracide è rappresentato mentre ricerca detti, profezie etc. D'altronde, secondo Ben Sira 50,28LXX chi medita e fissa bene nel cuore la storia dei padri diventerà sapiente: «beato chi mediterà queste cose e ponendole nel cuore diventerà saggio (***theìs autà epì kardìan*** *sophisthésetai*)». Poiché la storia d'Israele è costellata delle meraviglie che Dio ha operato verso il suo popolo, solo la sua memoria può che indicare la via giusta per il presente e il futuro. Come si ricorda a Qumran: «E ora, ti prego, mio popolo, ascoltami! Voi semplici, prestatemi attenzione! Prendete sapienza dal grande sapere di Dio, ricordate i miracoli che fece in Egitto, i suoi portenti [nella terra di Cam]: tremi il vostro cuore per il timore di lui».[51] In forza di queste e altre somiglianze, diversi autori hanno voluto porre Maria tra i saggi d'Israele che conservano nella memoria i *mirabilia Dei* per comprenderne il senso.[52]

Tutt'e tre, Maria, Daniele e il saggio scriba, conservano qualcosa nel loro cuore con lo scopo di capirla. Ma la differenza sta proprio nella qualità del contenuto serbato nel cuore.

---

[46] A proposito A. VALENTINI, *Vangelo d'infanzia secondo Luca. Riletture pasquali delle origini di Gesù*, ed. EDB, Bologna 2017, p.357, fa notare che l'espressione «conservare nel cuore» è attribuita nella Scrittura sempre a personaggi maschili!

[47] M. CRIMELLA, «La nascita di Gesù (Lc 2,1-20)», in *PaVi* 55/1 (2010), 26.

[48] Cf. Enoch 94,5.10.

[49] Cf Testamento di Levi 5,7; 6,2.

[50] Mc 9,10.

[51] 4Q 185, 13b-15.

[52] Questa corrente esegetica ha reagito alla lettura apocalittica di Neirynck. Secondo A. SERRA, «Motivi sapienziali in Lc 2,19.51», in *Marianum* 31 (1969) 248-259, alcuni temi sapienziali dell'AT possono fare da sfondo alla descrizione lucana di Maria: la memoria e l'attualizzazione dell'Alleanza; la riflessione sugli «enigmi»; il «conservare nel cuore» gli eventi salvifici presenti nella Scrittura; la definizione del sapiente come «sposo, figlio, amico» della sapienza. Secondo R.E. BROWN, *La nascita del Messia secondo Matteo e Luca*, Ed. Cittadella, Assisi 1981, p. 584 esiste in Lc 2,19.51 una compresenza di motivi apocalittici e sapienziali, questo non stupisce poiché nel post-esilio la letteratura apocalittica è fortemente caratterizzata da motivi sapienziali. Maria che conserva nel proprio cuore la parola di Dio richiama Sir 39,1-3; 50,28; Prov 3,1; Sl 119,11. Per R. LAURENTIN, *Jésus au Temple. Mistère de Pâque et foi de Marie en Lc 2,48.50*, Paris, Ed. Gabalda 1966, trova in Sir 4,11-18 ; 51,15-22 dei paralleli a Lc 2,19.51. Lo stesso autore ha mostrato il forte tenore sapienziale di Lc 2,40-52, evidenziando i contatti lessicali e teologici fra Sir 24 e Lc 2,41-51a.

In Daniele si tratta di una visione notturna (un sogno) ricca d'immagini apocalittiche (le quattro bestie), carica di simboli da decifrare[53] (i quattro regni che scompariranno all'arrivo del Figlio dell'uomo).

Per il sapiente Siracide, l'oggetto da conservare nella memoria è il ricco patrimonio sapienziale degli antichi padri d'Israele, patrimonio fatto di profezie, parabole, proverbi, enigmi, che ha bisogno di essere ancora riletto e interpretato.

Nel caso di Maria, invece, la rivelazione custodita nel cuore è fatta di eventi e di parole presenti. Il linguaggio rivelativo utilizzato dall'evangelista è totalmente privo di simbolismo criptico e la materia della sua riflessione non è composta da parole passate di uomini famosi, di parabole o enigmi da decodificare. Anche se quanto le è annunciato, è ricco di mistero e ha un valore sicuramente escatologico e profetico, esso riguarda un evento reale, presente, e non parole scritte nel passato o sogni rivelati nel sonno. Essa è davanti al mistero di Dio che le si rivela, ma il segno di questo mistero è il figlio da lei generato. La rivelazione non avviene in un sogno notturno ma nei fatti che riguardano lei e il bambino, quest'ultimo è l'enigma da scrutare e capire.

Tutto il ciclo narrativo dei primi due capitoli di Luca, i fatti, gli annunci, le profezie, scuotono la fede e l'intelligenza di Maria, i titoli pasquali di «Cristo, Signore, Salvatore» (At 2,36; 5,31 etc.) sono a lei anticipati (Lc 2,11), al pari della filiazione divina di Gesù (2,49; 24,26). Di fronte a questo lei non si stupisce appena come «tutti coloro che udirono» le parole dei pastori (Lc 2,18), ma lo conserva nella memoria. Gli eventi che verranno, soprattutto i giorni della morte e risurrezione del figlio, porteranno a capire di più e meglio. Altrimenti tutto resterebbe un magma confuso ed enigmatico:

> Le notizie che cominciano ad accumularsi nella sua mente intorno al figlio sono sprazzi di luce che non ne illuminano ancora completamente la figura. Ella ha avuto una personale esperienza, ma misteriosa e confusa. Il suo assenso alla chiamata e proposta divina è stato incondizionato "perché nulla è impossibile a Dio" (1,37), non perché ella ne abbia compreso il contenuto. Anche le parole (*laleô*) dei pastori non aggiungevano maggior evidenza, ma confermavano e completavano quelle udite da Elisabetta.[54]

La fede della vergine ha bisogno di tempo, il "cuore" necessita che eventi e parole si sedimentino, l'intelligenza dovrà ricercarne il senso all'interno del piano di Dio. Mentre i pastori vanno via dalla grotta, pieni di gioia glorificando Dio, Maria rimane assorta, conservando e meditando tutte queste cose. Dopo aver sentito le parole del figlio al Tempio ed essere tornata a Nazaret, Maria si raccoglie nuovamente nel suo silenzio ermeneutico. Sono tanti i segni che hanno bisogno di essere letti, tante le parole udite che necessitano di essere comprese, soprattutto l'ultima, la più misteriosa: «Devo occuparmi delle cose del Padre mio». Sarà necessaria la luce della Pasqua e della Pentecoste per rischiarare il mistero che avvolgeva quel detto di Gesù, solo allora si capirà che esso era una profezia del mistero pasquale.

---

[53] Si ricordi inoltre che la letteratura apocalittica nasce e si sviluppa in momenti di crisi e forte afflizione per il popolo, i suoi scritti sono carichi di immagini simboliche, spiegate spesso all'autore da un angelo *interpretes*

[54] O. da SPINETOLI, *Luca*, Ed. Cittadella, Assisi 1982, p. 111.

L'immagine di Maria che Luca trasmette è ben lontana da quella del visionario apocalittico che la trasmette con linguaggio cripto-simbolico, e da quella del sapiente scriba che offre ai suoi discepoli il frutto delle sue riflessioni su enigmi e detti. Il percorso di fede di Maria non è molto diverso da quello che faranno i discepoli di fronte al mistero della persona del maestro. Anche loro spesso non comprendevano le misteriose parole di Gesù: «Essi però non capivano queste parole: restavano per loro così misteriose che non ne coglievano il senso, e avevano timore di interrogarlo su quest'argomento [...]. Ma quelli non compresero nulla di tutto questo; quel parlare restava oscuro per loro e non capivano ciò che egli aveva detto» (Lc 9,45; 18,34).

Maria è presentata come la vera credente che sta di fronte alla realtà con cui Dio le si rivela, la accoglie senza pregiudizi dentro la propria esperienza di figlia di Abramo, la esamina cercando di penetrarne il senso. In questo senso è a pieno titolo membro vivo della prima comunità di Gerusalemme, testimone degli eventi della vita del Figlio. La possiamo pensare, dopo l'effusione dello Spirito, attenta all'annuncio pasquale degli apostoli:

> «simbolizzava» la somma degli eventi riguardanti il Figlio (cf. Lc 2,19b: *symballousa*); li metteva cioè a confronto l'uno con l'altro, a partire dall'incarnazione del Figlio dell'Altissimo nel proprio grembo. Illuminata anche lei dallo Spirito (cf. At 1,14; 2,1-4), poteva giungere a scoprire l'intima coerenza del disegno divino. Dopo aver compreso il senso dei fatti che la videro testimone e collaboratrice singolare, Maria potrà trasmettere alla Chiesa la memoria delle «grandi cose» operate dal Potente nella sua persona (cf. Lc 1,49). In altre parole: ella diventava fonte privilegiata d'informazione per i Vangeli dell'Infanzia.[55]

Il termine *remata* «cose, fatti» richiama gli «avvenimenti», le «azioni» (*pragmata*) di cui Luca parla nel proemio al Vangelo. All'inizio della sua opera, annunciando il suo progetto sul modello della storiografia ellenistica,[56] egli fa capire di essere l'ultimo anello di una tradizione che risale fino ai testimoni oculari. Tra i *pragmata* narrati ordinatamente dall'evangelista potrebbero esserci i *remata* custoditi nella memoria e meditati da Maria, inglobati progressivamente nel materiale costituente la memoria su Gesù.

VII. I fatti dopo l'infanzia.

1. «Una spada trafiggerà la tua anima» (Lc 2,35a).

Concludendo la pericope del viaggio a Gerusalemme e l'intero vangelo dell'infanzia, Luca annota che «sua madre custodiva tutte queste cose nel suo cuore» (2,51). Abbiamo già visto che oggetto del custodire di Maria sono stati anche gli incontri con Simeone e Anna al Tempio. Al primo di questi due incontri vogliamo ora volgere la nostra attenzione, in particolare alle parole che il vecchio saggio, ispirato dallo Spirito, rivolge alla madre: «Ecco egli è posto per la caduta e la risurrezione di molti in Israele e come segno di contraddizione, e anche a te stessa una spada trafiggerà l'anima, affinché siano svelati i pensieri da molti

---

[55] A. SERRA, «Maria di Nazaret nel Vangelo di Luca», pp. 297-298.

[56] Così D. MARGUERAT, «Luc, l'historien de Dieu. Histoire et théologie dans les Actes des Apôtres», in *RivB* LXV (2017), 10.

cuori» (2,34-35). Due affermazioni sono poste l'una accanto all'altra dall'autore. La prima, col verbo al presente, riguarda Cristo e la sua presenza-segno di contraddizione per Israele. Egli porterà alla luce i pensieri nascosti dei figli del suo popolo: di fronte a lui alcuni inciamperanno, altri risorgeranno. La seconda, che sembra rappresentare una specie di parentesi all'interno della prima, contiene una rapidissima e misteriosa profezia (il verbo *diaerchomai* è al futuro) a Maria: «e anche a te una spada trapasserà la tua anima (*psyché*)» (2,35a).

A che cosa intendeva alludere l'autore con l'immagine della spada trapassante l'anima? Nella storia dell'esegesi sono state date diverse risposte,[57] cui accenniamo brevemente, prima di fare le considerazioni attinenti al nostro lavoro.

Origene e altri: la spada del dubbio nell'anima di Maria.

Secondo il fondatore della scuola alessandrina, la spada trafiggente il cuore di Maria altro non è che lo scandalo che anche la madre di Gesù ebbe di fronte agli eventi della passione e morte del figlio. Se tutti gli apostoli, lo stesso Pietro, ne furono scandalizzati, perché lei ne sarebbe stata immune? Se durante la passione essa fosse stata esente dallo scandalo della croce, allora sarebbe falsa l'affermazione di Paolo «Tutti hanno peccato e sono privi della gloria di Dio, ma sono giustificati gratuitamente per la sua grazia» (Rm 3,23). L'anima di Maria fu trapassata dalla spada dell'infedeltà, dell'incertezza, nel vedere il Figlio di Dio, nato senza l'intervento umano, crocifisso e morto, sottoposto ai supplizi degli uomini.[58]

Ambrogio e altri: la spada della parola di Dio.

A detta del vescovo di Milano, la metafora della spada deve essere applicata alla parola di Dio, secondo l'espressione di Eb 4,12: «La Parola di Dio è viva, efficace e più tagliente di ogni spada a doppio taglio; essa penetra fino al punto di divisione dell'anima e dello spirito, fino alle giunture e alle midolla, e discernere i sentimenti e i pensieri del cuore». Effettivamente tra le parole dell'anziano Simeone e il testo di Ebrei esistono diversi contatti lessicali: «la spada (anche se in Eb il sostantivo è *machaira* e non *romphaia*[59] come in Luca), anima, pensieri del cuore». Secondo questa lettura l'intera esistenza di Maria fu attraversata e determinata come credente dalla parola del figlio, dinanzi al quale ogni segreto della coscienza e della mente è manifestato.[60]

Benoit e Laurentin: Maria personifica Israele scampato alla spada (Ez 14,17ss.).

Nell'oracolo di Ezechiele contro l'idolatria si legge di una spada che, se fosse mandata da Dio su un paese, non risparmierebbe nessuno. Tuttavia quando Dio manderà sulla terra i suoi quattro castighi, la spada, la fame, le bestie feroci, e la peste, allora un resto si salverà per

---

[57] Cf. R. CALÌ, *Testi antimariologici nell'esegesi dei Padri da Nicea a Calcedonia*, Caltanissetta 1999, pp. 21-197.

[58] Cf. ORIGENE, *In Lucam Homilia*, XVII,6; CIRILLO DI GERUSALEMME, *In Zachariam Prophetam*, PG 72, 237.

[59] La *machaira* è a un taglio solo e ricurva, la *romphaia* a doppio taglio e diritta (gladio).

[60] Cf. AMBROGIO, *Expositio Evangelii secundum Lucam*, II, 61; ILARIO DI POITIERS, *Tractatus in Psalmum CXVIII*, PL 9,521-522.

la sua condotta (Ez 14,17.21-23). Il potere della spada di separare i buoni dai malvagi, l'idea di un resto che si salva di fronte a un popolo sterminato, ha fatto pensare a Benoit e Laurentin[61] che, nella profezia di Simeone a Maria, la spada potesse rappresentare la personificazione di quel resto d'Israele, che crede in Gesù come quegli israeliti che rimasero fedeli a IHWH.

Fitzmyer e Brown: Gesù, la spada della divisione nella famiglia di Maria.

L'interpretazione dei due esegeti americani si appoggia oltre che su Lc 2,34 anche su Lc 12,51-53: «Pensate che io sia venuto a portare pace sulla terra? No, io vi dico, ma divisione. D'ora innanzi se in una famiglia vi sono cinque persone, saranno divisi tre contro due e due contro tre...». Se Gesù è motivo di divisione per le famiglie, perché non potrebbe esserlo stato anche per la famiglia di Maria?[62] Diversi episodi del vangelo farebbero pensare all'ipotesi che Maria sia dovuta passare dalla via stretta per superare una maternità meramente naturale (2,48-50; 3,31-35).

Serra: la spada metafora della parola di Dio e del dolore di Maria.

L'illustre esegeta mariano interpreta, in forza dell'esegesi biblico-giudaica, la metafora della spada, riferendola sia alla partecipazione dolorosa di Maria alla passione del Figlio che alla Parola di Dio penetrante l'intimo dell'uomo.[63]

L'opinione dominante[64]*: la spada figura della partecipazione di Maria alla passione del figlio.*

A partire dai primi secoli si è sempre pensato che la profezia di Simeone intendesse riferirsi al dolore di Maria, dolore non appena fisico ma dell'anima, nel senso di una partecipazione intima e totale della madre alla passione del figlio-Messia. Il destino di quest'ultimo è stato strettamente legato a quello della madre, dall'inizio del suo concepimento fino a quello della sua morte.

Valentini: la spada metafora dell'opposizione a Cristo e alla Chiesa.

L'autore amplia l'interpretazione classica della spada come partecipazione di Maria alla passione di Cristo:

È una partecipazione al *sēmeìon antilegómenon* che continua nella Chiesa, secondo la concezione lucana della storia della salvezza. Che cos'è dunque la spada che attraversa la

---

[61] P. BENOIT, «"Et toi-même, un glaive transpercera l'âme"», in *CBQ* 25 (1963), pp. 251-261; R. LAURENTIN, *Structure et théologie de Luc 1-2*, Paris 1957, pp. 89ss.

[62] J.A. FITZMYER, *The Gospel according to Luke I-IX*, Ed. Yale University Press, New York 19, pp. 422ss.81; R.E. BROWN, *La nascita del Messia secondo Matteo e Luca*, pp. 630ss.

[63] A. SERRA, *Una spada trafiggerà la tua vita (Lc 2,35a). Quale spada? Bibbia e tradizione giudaicao-cristiana a confronto*, Bergamo 2003.

[64] A. FEUILLET, «L'epreuve prédite à Marie par le vieillard Syméon», in *À la rencontre de Dieu. Mém. A. Gelin*, Le Puy 1961, pp. 243-263; IDEM, «Le jugement messianique et la Vierge Marie dans la prophetie de Syméon (Lc 2,35)», in *Studia mediaevalia et mariologica C. Balić dicata*, Romae 1971, pp. 423-447; F. BOVON, *Luca*, I, Ed. Paideia, Brescia 2005, p. 176; PAOLINO DA NOLA, *Epistola 30*, 17.18, PL 61, 415-417.

psuchē? Non è altro che l'*antiloghía* di un popolo disobbediente e ribelle (cf. Rm 10,21), l'opposizione da parte dei peccatori (cf. Eb 12,3). È l'*antiloghía* contro Paolo (...) e la comunità dei credenti. La madre di Gesù per prima – insieme con il Figlio e a causa di lui – sperimenta l'opposizione che più tardi raggiungerà i discepoli e la Chiesa tutta. Ella vi partecipa in maniera speciale e unica (...) essendo speciale e unico il suo rapporto con il bambino.[65]

Crediamo che, nell'intenzione di Luca, il v. 35a costituisca una breve parentesi nella profezia di Simeone su Cristo segno di contraddizione, capace di svelare i pensieri di molti. Le parole del vegliardo non riguardano solo i giudei che di fronte alla presenza del Messia dovranno decidere se accoglierlo o rifiutarlo. Anche la madre sarà toccata profondamente dalla spada della sua parola e della sua presenza, dovrà prendere posizione riguardo la sua messianicità, se accontentarsi di una maternità semplicemente naturale o rispondere alla sua nuova vocazione: «Mia madre e miei fratelli sono questi: coloro che ascoltano la parola di Dio e la mettono in pratica» (Lc 8,21).

Gesù è segno di contestazione, perché tutto il suo operato porta a una visione nuova della religiosità ebraica, pertanto di fronte a lui occorre prendere posizione pro o contro. Chi si metterà contro farà l'esperienza della rovina; chi invece sarà favorevole farà l'esperienza della risurrezione. Momento culmine della contestazione sarà la sua morte, attraverso la quale entrerà nel "suo giorno" (Lc 24,1.13.23.36.44.50). Luca anticipa tutto ciò in modo simbolico nell'episodio dello smarrimento di Gesù a Gerusalemme nel tempio. Le parole di Gesù «Perché mi cercavate, non sapevate che devo essere nella casa del Padre mio?», esprimono per Maria il momento di dover andare oltre il rapporto con Gesù come proprio figlio per riaverlo come Figlio del Padre.[66]

Questa «spada» avrà il suo massimo di penetrazione al momento della passione del figlio. Allora il dubbio, l'incertezza, lo sbigottimento, busseranno al suo cuore. E lei dovrà decidere, definitivamente, se partecipare totalmente al misterioso disegno di Dio e credere, nel vortice della paura, nella contraddizione del dolore innocente, nell'incertezza che nasce dall'evidente sconfitta della croce, che l'uomo dei dolori è il Messia, il Figlio di Davide. Il suo non è solo il dolore di una madre che vede morire il figlio innocente, esso porta con sé la domanda sull'identità di quest'ultimo e, quindi, della sua stessa identità, del destino di lui e di lei. Luca comunica adesso al lettore un momento che poi non racconterà, forse per quel particolare rispetto che egli ha per la madre del Messia. Egli incarica il saggio Simeone, ripieno di Spirito Santo, di far sapere che la spada, la domanda sul destino e l'identità di Gesù, penetrerà nel cuore della madre, quando si chiederà il senso della sofferenza del figlio nel disegno di Dio.

Come di fronte alle prime parole dell'angelo si era chiesta il senso di quel saluto (*dieloghizeto*), al momento della passione il pensiero (*dialoghismos*) del suo cuore dovrà ancora capire a fondo il significato del mistero pasquale. L'intera esistenza di Maria è segnata

---

[65] A. VALENTINI, *Vangelo d'infanzia secondo Luca. Riletture pasquali delle origini di Gesù*, p. 312; sulla stessa linea anche G. ROSSÉ, *Il Vangelo di Luca*, p. 102; H. SCHÜRMANN, *Das Lukasevangelium*, ed. St. Benno, Leipzig, p. 130.

[66] C. MILAZZO, *Israele, Maria, la Chiesa. Commento a Luca 1-2*, Ed. Città Nuova, Roma 2010, p. 48, n. 44.6.

da questo lavoro di comprensione sui fatti (*remata, pragmata*) del figlio. Dal momento in cui le parole di Gabriele si sono introdotte nella sua esistenza, lei sarà sempre chiamata a custodire, meditare, comprendere le «cose del figlio», se esse sono «le cose del Padre suo». Soprattutto quelle della sua sofferenza e morte. Le misteriose parole di Simeone alla madre richiamano le ultime misteriose parole che Gesù le rivolgerà, alla fine dell'infanzia, a proposito del suo rapporto con il Padre. Questo è il contenuto che Maria va custodendo e comprendendo man mano che esso si svela, fino ai giorni della sua passione-morte-risurrezione.

2. «Mia madre e miei fratelli sono questi: coloro che ascoltano la parola di Dio e la mettono in pratica» (Lc 8,21).

Anche Luca come Matteo (12,46-50), attingendo da Marco, riporta la pericope sui «veri parenti di Gesù». Ma con modifiche significative: cancella del tutto il precedente e scandaloso accenno ai parenti che vorrebbero riportarlo a casa perché fuori di sé (Mc 3,20-21), elimina la domanda di Gesù «Chi è mia madre e chi sono i miei fratelli?» e il riferimento a quelli che stavano attorno a lui e a cui egli guarda come suoi veri parenti. Questi cambiamenti tradiscono la chiara intenzione dell'evangelista di eliminare il marciano contrasto di Gesù con la sua famiglia d'origine[67] e attenuare il cambiamento di prospettiva a proposito della vera parentela con lui, senza escludere da essa la madre e i fratelli. A questo proposito, è possibile che egli abbia volutamente posto la pericope 8,19-21 dopo la parabola sul seme e la sua spiegazione: Maria rientra tra quanti accolgono il seme della parola di Dio e la mettono in pratica.

Nonostante queste modifiche, il nostro evangelista non ha omesso di raccontare il breve episodio e le parole di Gesù sui suoi veri parenti: non chi ha con lui un legame di sangue, ma chi ascolta la parola di Dio e la realizza è sua madre e suo fratello. È chiara l'intenzione di stabilire un nuovo criterio per dirsi suoi familiari, dilatando il limite della sua ristretta cerchia parentale.

Le parole dette da Gesù a Cafarnao ricordano quelle dette a Gerusalemme al Tempio. Diverse le somiglianze: Maria e Giuseppe lo cercano, egli è attorniato da gente che lo ascolta, ai genitori che gli chiedono la ragione del suo allontanamento da loro egli dice di avere un altro Padre, delle cui cose deve occuparsi. Anche in quel caso, il lettore assiste al tentativo di Gesù di superare una genitorialità semplicemente carnale, e di mostrarsi figlio di un Padre delle cui cose deve occuparsi.

Anche se nessuno degli evangelisti riporta la reazione della madre e dei fratelli alle parole di Gesù, possiamo immaginare che non dovette trattarsi di qualcosa di diverso da quella sua e di Giuseppe al Tempio: «Ma essi non compresero le sue parole» (Lc 2,50). È vero che il terzo evangelista ha provato ad attenuare la durezza dell'atteggiamento e delle parole di Gesù, tuttavia egli non nasconde l'opposizione tra due modi di intendere la familiarità con lui: da un lato il legame carnale, dall'altro il legame della parola di Dio. Senza possibilità di confusione o di compromesso, la sua preferenza è per il secondo tipo: «Mia

[67] Non è da escludere che in Marco ci sia una voluta polemica contro quanti della famiglia di Gesù si vantavano di essere suoi parenti e avevano un posto di rilievo nella comunitù di Gerusalemme, cf. O. da SPINETOLI, *Luca*, p. 302.

madre e miei fratelli sono **questi**: coloro che ascoltano la parola di Dio e la mettono in pratica».

Ancora una volta Luca fa intuire al lettore che Maria è costretta dal figlio a ricomprendere il suo legame con lui. Egli è sempre oltre rispetto a lei e a quello che aveva potuto capire fino a quel momento. C'è ancora un passo della fede da fare: la sua affinità con lui è solo di tipo elettivo. Se ascolta la Parola di Dio e perseverare nell'obbedirvi, potrà continuare a dirsi veramente sua madre. Tra lei e lui c'è ancora l'Altro, il Padre che semina la parola attraverso il Figlio, il seminatore. Non basta più voler vedere il figlio, è necessario volerne ascoltare la parola, accoglierla come il terreno buono e portare frutto.

Anche questa pericope, come quella di Lc 2,41-51, costringe il lettore a capire che solo dopo l'annuncio pasquale l'adesione di Maria alla volontà di Dio, alla sua parola, sarà stata perfetta e la sua familiarità col figlio pienamente realizzata. La crisi della passione di Gesù metterà a dura prova anche la sua fede. Il seme della parola, posto in lei fin dall'annuncio dell'angelo, in quel momento marcirà sotto la stessa terra in cui è posto il cadavere del figlio. Ma, secondo Luca, quel seme ha avuto un lungo processo di maturazione: le parole profetiche di Simeone, quelle del figlio al Tempio e a Cafarnao hanno rappresentato sempre dirompenti occasioni di crescita, spinte in avanti nel processo di conoscenza dell'identità del figlio e del rapporto di discepolanza con lui.

Nel pensiero di Gesù, anche il rapporto umano più forte e intenso (quello tra madre e figlio) è messo in discussione. Questa crisi antropologica è un evento di salvezza nella misura in cui è la cristologia a fondarla e provocarla. Perché il rinnovamento della famiglia, tanto desiderato allora come oggi, comincia dal rapporto con Cristo portatore della parola divina («*mia* madre e i *miei* fratelli», v, 21); solo dopo ciò può espandersi tra gli esseri umani.[68]

Anche dopo la visita e (forse) il mancato incontro col figlio a Cafarnao, Maria fu ancora una volta costretta a chiedersi il senso delle parole di Gesù, a custodirle nel suo cuore. Col tempo avrebbe compreso che quel figlio le apparteneva in maniera totalmente diversa rispetto al naturale legame carnale. Il rapporto con lui passava attraverso il Padre suo e la comunione con lui aveva una sola ragion d'essere: l'ascolto della Parola di Dio e la fedele messa in pratica. Dal saluto dell'angelo in poi l'esistenza di Maria è costellata di eventi e parole «strane»: il modo straordinario del concepimento del Figlio, la visita dei pastori dopo la nascita, la profezia di Simeone, il detto sulla vera familiarità con lui.

Ciascuno di questi momenti col suo carico di domande educherà lentamente il suo cuore a comprendere il mistero della persona di Gesù. Saranno poi gli avvenimenti del mistero pasquale a mettere ancora una volta tutto «in crisi». Solo la luce della Pasqua potrà aiutarla a ricomprendere più profondamente quanto aveva già custodito e meditato nella sua interiorità. Così la rappresenta von Balthasar: «È di continuo coinvolta in misteri il cui significato la trascende, ma non si arrende davanti a queste parole; apre loro lo spazio del suo cuore per ivi considerarle vivamente e continuamente».[69] Così la descrive anche L.A. Schökel: «Maria partecipava alla realizzazione del mistero della salvezza ed era testimone

---

[68] F. BOVON, *Luca*, I, p. 490.

[69] H. U. VON BALTHASAR , *Maria per noi oggi*, Ed. Queriniana, Brescia 1987, p. 32.

immediato e privilegiato dei fatti: non contenta della prima intelligenza, ripensava gli avvenimenti e li meditava dentro di sé, aumentando in tal modo la sua intelligenza del mistero, fino alla consumazione escatologica che la incorpora definitivamente alla piena glorificazione del Figlio».[70]

D'altronde, le occasioni in cui Maria «custodiva nel cuore» erano strettamente legate a rivelazioni su Gesù e di Gesù come *Salvatore*, *Cristo-Signore* (ai pastori) e come *Figlio di Dio* (Gesù al Tempio). Le parole dell'angelo a Maria, degli angeli ai pastori, del vecchio Simeone e di Gesù dodicenne, potrebbero essere letti come veri e propri annunci kerygmatici su Gesù Figlio di Dio.[71] Inoltre, Luca ha voluto insegnare che Gesù, da un lato, è cresciuto come ogni uomo nella nascosta sottomissione ai genitori secondo uno sviluppo psico-fisico autenticamente umano, dall'altro aveva già dodicenne un'iniziale e intuitiva coscienza di sé come Figlio di Dio, coscienza che si è andata poi progressivamente sviluppando.[72]

Maria e la prima chiesa hanno progressivamente imparato a comprendere questa misteriosa compresenza durante l'intera vita di Gesù, soprattutto nel Mistero pasquale. Esso ha dato loro di ricomprendere, ricostruire e integrare quanto accaduto nel periodo dell'infanzia di Gesù. Il che non vuol dire necessariamente creare, inventare cose mai accadute.[73] Il testo di Luca, pur rileggendo alla luce dell'intera vita di Cristo (*in primis* la sua passione-morte-risurrezione), si mantiene sobrio e ricco di particolari storici attendibili, in continuità con l'ambiente giudaico.[74] Si pensi, in questo senso, alla figura di Zaccaria sacerdote al Tempio, dei pastori a Betlemme, della presentazione del bambino al Tempio, del vecchio Simeone e della profetessa Anna, del pellegrinaggio della famiglia di Gesù a Gerusalemme, del ritorno a Nazaret, della crescita umana di Gesù nel nascondimento e nella sottomissione ai genitori. Si pensi anche ai sommari (Lc 2,40.52) con cui Luca descrive questa crescita in linea con quella di due profeti, Giovanni Battista (Lc 1,80) e Samuele (1Sam 2,26).

Possiamo dire che la scansione di questi momenti corrisponde a un preciso disegno narrativo dell'evangelista: rappresentare la madre del Messia come una fedele figlia d'Israele, attenta alla Parola e al cenno di Dio, custode e interprete della sua infanzia, garanzia autorevole nel formarsi della memoria e delle tradizioni su Gesù. Per questo motivo, egli ha riletto il testo marciano sui veri parenti in chiave positiva, non sostituendo la madre e i fratelli con i suoi discepoli (come Mc 3,34 e Mt 12,49), anzi presentandoli come i veri discepoli, che ascoltano e realizzano la Parola di Dio.

Luke (...) presents Jesus' mother and his brothers (...) as model disciples. They are the prime examples of those who listen to the Word of God "with a noble and generous mind" (8,15) (...). In this mode of presenting them, the Lucan Jesus' reply does not imply a denial of

[70] L.A. SCHÖKEL, *Il dinamismo della Tradizione*, Ed. Paideia, Brescia 1970, p. 216.

[71] E. SALVATORE, «Gesù Cristo educato ed educatore», p. 185.

[72] F. MANZI, «Giovanni Battista e Gesù: maturazione umana e singolarità filiale», pp. 149ss.

[73] Come faranno, in seguito, alcuni testi non canonici, quali il *Vangelo dell'infanzia secondo Tommaso* (II sec.), lo *Pseudo-Matteo*, il *Vangelo arabo dell'infanzia*, raccontando di guarigioni, resurrezioni, conoscenza soprannaturale, azioni addirittura capricciose e punitive dell'infante Gesù, presentato spesso collerico e vendicativo.

[74] E. SALVATORE, «Gesù Cristo educato ed educatore», p.184.

family ties or a criticism of his kin; it does imply that another relationship to himself can trascend even that family ties. Genuine relation to him consists not so much in descent from common ancestry as a voluntary attachment involving the acceptance of God's word, wich he preaches, as the norm of one's life. Here Jesus' mother and brothers are shown to be prime example of that relation.[75]

La vita di Maria è stata segnata dal discepolato alla Parola di Dio, che come spada è penetrata nel suo intimo e le ha chiesto sempre l'adesione piena della fede per conformarsi al suo disegno di salvezza.

La Bibbia è un insieme, una totalità, nessuna parola singola può venir spiegata senza confronto con le altre, isolatamente. La meditazione cristiana apre in tal modo a se stessa un campo di gioco illimitato; le parole di Dio formano come un salone di specchi, dove i significati si moltiplicano all'infinito. Maria custodirà nel cuore anche e in particolare le parole non comprese del Gesù dodicenne, e le farà crescere nella fede. Ella vive nella fede, la quale è essenzialmente qualcosa che cresce; molte cose si trovano cercando, senza poter mai arrivare ad una trasparenza conclusiva. Quanto a Dio una simile visuale definitiva non sarà mai possibile, neppure nell'eternità potremo vederlo fino all'esaurimento e proprio il trovare ci spingerà verso un cercare sempre nuovo.[76]

In linea con i grandi protagonisti della storia del suo popolo e con il grande comandamento di Dio («Ascolta Israele il Signore è il nostro Dio, il Signore è uno solo...»), la sua è una fede *ex auditu*. In lei trovano realizzazione i comandi dati da Mosè a Israele prima di entrare nella Terra promessa: «Ora, Israele, ascolta le leggi e le norme che io vi insegno, affinché le mettiate in pratica (...). Non aggiungerete nulla a ciò che io vi comando e non ne toglierete nulla; ma osserverete i comandi del Signore, vostro Dio, che io vi prescrivo (...). Bada a te e guardati bene dal dimenticare le cose che i tuoi occhi hanno visto, non ti sfuggano dal cuore per tutto il tempo della tua vita: le insegnerai anche ai tuoi figli e ai figli dei tuoi figli» (Dt 4,1.2.9).

VIII. Maria nella comunità pasquale ermeneuta.

1. I racconti dell'infanzia di Gesù e gli annunci pasquali di Lc-At.

È ormai un dato acquisito che i racconti pasquali di Lc 24 e alcuni annunci kerygmatici di Atti siano in stretta relazione con il racconto dell'annuncio ai pastori e della visita di Gesù dodicenne al Tempio (Lc 2,8-20; 2,41-52).

Da un punto di vista linguistico e teologico sono molto evidenti le analogie tra i racconti evangelici sulla risurrezione e quello sui pastori di Betlemme. Anzitutto i titoli cristologici «Cristo Signore» e «Salvatore». Passando al libro degli Atti, il primo titolo si trova in bocca a Pietro in occasione della Pentecoste (At 2,36). Il secondo è pronunciato dallo stesso apostolo

[75] J.A. FITZMYER, *The Gospel according to Luke I-IX*, p. 723.

[76] H.U.VON BALTHASAR, *Tu hai parole di vita eterna. Meditazioni sulla Scrittura*, Ed. Jaca Book, Milano 1991, p. 80.

davanti al Sinedrio (At 5,31) e da Paolo davanti ai Giudei (At 13,23). In tutt'e tre i casi si tratta di annunci kerygmatici di apostoli: Dio ha costituito Signore e Salvatore Cristo Gesù facendolo risuscitare dai morti e sedere alla sua destra. Appare perciò anacronistico che i pastori, giunti alla grotta, ripetano l'annuncio degli angeli con questi stessi titoli di chiaro significato pasquale.

Storicamente possiamo ammettere che dei pastori, posti a vegliare il loro gregge non lontano dal posto dove Gesù venne alla luce, avendo saputo che là vicino un bimbo era nato, siano andati a vederlo e lo abbiano trovato insieme al padre e alla madre. Quest'ultima conserverà nel tempo il ricordo di quella visita così inattesa. Stando così le cose, possiamo pensare che l'evangelista abbia raccontato la visita dei pastori in chiave pasquale, retroproiettando la convinzione di fede pasquale della prima comunità ecclesiale al momento della nascita di Gesù omaggiata dai pastori betlemmiti. L'annuncio di questi ultimi coincide, infatti, con quello della chiesa apostolica.

Già i Padri, a cominciare dal IV sec. fino al Medioevo, avevano colto questa profonda analogia tra l'azione dei pastori natalizi e quella dei pastori della Chiesa. Secondo Origene entrambi i tipi di pastori hanno bisogno della presenza di Cristo: «Ascoltate, pastori della Chiesa! Ascoltate pastori di Dio! Il suo angelo scende sempre dal cielo e proclama a voi: *Oggi è nato per voi un salvatore, che è il Cristo Signore*. Infatti, finché non viene il Salvatore, i pastori delle chiese non sono capaci di custodire bene il gregge: la loro custodia è debole, a meno che il Cristo non lo pascoli e non lo custodisca insieme a loro».[77]

È soprattutto Beda il Venerabile che vede nei pastori i primi proclamatori del Vangelo e il modello di ogni evangelizzatore:

I pastori non nascosero nel silenzio i misteri che avevano appreso per volontà divina, ma li comunicarono a tutti quelli che potevano, perché i pastori della Chiesa sono ordinati soprattutto a questo fine: predicare i misteri del Verbo di Dio e far ammirare ai loro ascoltatori le cose meravigliose che hanno appreso dalle Scritture. Dobbiamo intendere come pastori non solo i vescovi, presbiteri e diaconi e anche i rettori dei monasteri, ma sono chiamati pastori anche tutti i fedeli che si danno cura di custodire la loro casa, anche se piccola, in quanto vi attendono con sollecita vigilanza.[78]

Quest'interpretazione allegorico spirituale ha un suo fondamento in alcune analogie tra Lc 2,8-20 e l'evento pasquale:

- La gloria del Signore che avvolge di luce i pastori e il successivo timore di questi ultimi (Lc 2,9).
- Il segno del bambino, deposto nella mangiatoia e avvolto in fasce, rimanda al gesto di Giuseppe d'Arimatea, che avvolge il corpo di Gesù con un lenzuolo e lo depone nel sepolcro (Lc 23,50-53).
- I pastori vanno alla grotta per vedere il bambino avvolto in fasce, Pietro va alla grotta del sepolcro, quest'ultimo vede le fasce in cui era stato avvolto il corpo del maestro (Lc 24,1-12)

---

[77] ORIGENE, *Omelie sul Vangelo di Luca*, 12,2.

[78] BEDA, *Omelie sul Vangelo*, 1,7.

- I pastori di Betlemme ricevono dagli angeli il lieto annuncio (*euagghelizesthai*) della nascita di Gesù e lo recano ai presenti alla grotta, le donne ricevono dall'angelo il lieto annuncio della risurrezione e lo portano agli apostoli (Lc 24,5-11).
- I pastori glorificano Dio per tutto quello che hanno visto e udito, Pietro e Giovanni annunciano senza paura quello che hanno visto e udito prima e dopo la Pasqua (At 4,19-20).

Il racconto su Gesù smarrito e ritrovato al Tempio (Lc 2,41-50) ha diversi tratti comuni con quello del Risorto ritrovato dai due discepoli di Emmaus (Lc 24,13-35). Anzitutto il contesto narrativo: il cap. 24 conclude l'intero vangelo di Luca con le apparizioni del Risorto; la pericope di Gesù dodicenne chiude il ciclo narrativo del vangelo dell'infanzia. Esistono suggestive somiglianze tra i due racconti in una dinamica di quasi-prefigurazione.[79]

Troviamo una stessa *location* di base, Gerusalemme, da cui si parte per un viaggio, e uno stesso periodo cronologico, "tre giorni dopo" la festa di Pasqua.

I racconti sono costruiti secondo una stessa dinamica narrativa: tensione drammatica e sua soluzione. Nel primo sono i genitori di Gesù a cercarlo e a ritrovarlo dopo tre giorni, nel secondo sono i due discepoli a "ritrovarlo" sulla via di Emmaus. I primi lo cercano angosciati, i secondi hanno quasi perso la speranza di rivederlo vivo a tre giorni dalla sua morte. In entrambi i casi, il protagonista è presentato come intelligente,[80] "sapiente" interprete delle Scritture[81] e pienamente cosciente del senso della sua missione: egli è il Figlio che deve adempiere la missione affidatagli da Dio, il Padre. Ai suoi interlocutori risponde con la sicurezza di chi sa e si meraviglia della loro ignoranza: «Perché mi cercavate? Non sapevate che...?» (2,49) / «Stolti e tardi di cuore a credere a quanto detto dai profeti...,» (24,26)

Colpisce la presenza dello stesso verbo *deomai* "*devo*", sempre in bocca a Gesù: «Non sapevate che **è necessario** che io mi occupi (*dei*) delle cose del Padre mio» / Non **era necessario** (*edei*) che il Cristo patisse queste sofferenze per entrare nella sua gloria?». In entrambe le situazioni Gesù appartiene a una dimensione che è "oltre", egli è per "le cose riguardanti il Padre",[82] il suo destino è la "gloria". Il suo vero e profondo legame affettivo è con Lui, per questo non si preoccupa di scomparire e lasciare soli sia i suoi genitori lungo la via del ritorno a Nazareth, sia i due discepoli di Emmaus, dopo essersi fatto riconoscere nello spezzare il pane.

---

[79] Di parere opposto è G. ROSSÉ, *il Vangelo di Luca*, Ed. Città Nuova, Roma 1992, p. 111. Nella sua proposta, a nostro parere un po' superficiale, egli deve comunque ammettere che il verbo «devo» è utilizzato nelle parole di Gesù sulla passione (4,43 ; 21,9) e che tutta l'attività di Gesù è sottoposta al disegno salvifico divino.

[80] «E tutti quelli che l'udivano erano pieni di stupore per la sua intelligenza e le sue risposte» (2,47).

[81] Luca lo presenta seduto insieme ai *didaskaloi*, non ai loro piedi come un discepolo, nell'area del Tempio *(ieròn)*, probabilmente al portico di Salomone, il re sapiente per eccellenza.

[82] Preferiamo questa traduzione all'altra "nella proprietà, a casa del Padre mio", perché più in linea con la disponibilità di Gesù al piano salvifico di Dio, disponibilità espressa diverse volte sempre col verbo *deomai*.

Il racconto di Emmaus rappresenta come un compimento di quello di Gesù al Tempio: l'evento pasquale è già prefigurato dal fatto che Gesù è ritrovato dopo tre giorni e deve compiere le cose del Padre.[83] L'evangelista annunzia già dalla fine del racconto dell'infanzia il cuore del kerygma pasquale: Gesù non scompare, non è perso per sempre, egli siede col Padre nella gloria. Il suo essere seduto al Tempio, luogo della presenza del Dio Altissimo, anticipa l'essere seduto nel Santuario celeste col Padre.

Se nell'incontro con il vecchio Simeone (2,33-35) Luca anticipa il dramma della passione, in quello dei genitori con Gesù prefigura la sua gloria pasquale.

> La comunità narra l'infanzia del Salvatore alla luce degli avvenimenti pasquali (...). Il quadro dello smarrimento e ritrovamento acquista così il valore di uno sceneggiato della morte e risurrezione di Gesù. I "genitori", Maria e Giuseppe rappresentano la comunità apostolica che si è vista improvvisamente priva del suo maestro, ma "dopo tre giorni" di attesa e di ricerca riesce a trovarlo circonfuso di gloria divina (...). Il dramma della comunità apostolica al momento della passione viene vissuto in anticipo da Maria e Giuseppe.[84] Il piano delle pie donne, l'angoscia dei discepoli coincide con l'affannosa ricerca dei "genitori" di Gesù. «Perché cercate un vivente tra i morti?» (24,5) rispondono i due testimoni alle donne venute alla tomba. E l'incomprensione da cui sono colti Maria e Giuseppe è la stessa da cui vengono presi i discepoli agli annunzi della sua passione-risurrezione (...). Il rimprovero di Maria al figlio è del tutto legittimo, ma sottintende anche la domanda egualmente angosciosa degli apostoli e della chiesa al loro signore. Lo smarrimento è un dramma per la madre, come la passione e morte è un dramma per la comunità, che non è ancora riuscita a trovarne la giustificazione.[85]

La coscienza della sua missione rivelata a Maria e Giuseppe alla fine dell'infanzia, è pienamente rivelata ai due di Emmaus come corrispondente alle Scritture. Come se Luca volesse dire al suo lettore: stando seduto insieme ai "maestri" e conversando con loro sulla Torah e i Profeti, Gesù ha cominciato ad avere una prima "sapienza", una prima comprensione[86] dello scopo della sua vita come rapporto privilegiato col Dio d'Israele, "il

---

[83] Chiaro, a questo proposito, il giudizio di L.T. JOHNSON, *The Gospel of Luke*, Ed. The Liturgical Press, Collegeville 1991, p. 62:«The story provides an anticipation as well of the appearance of the risen Lord to the two disciples on the road to Emmaus (24,19-34). In the present story, those who love Jesus are filled with anxiety because of his "absence", his "being lost". In the appearance story. there is anguish and sorrow among those who had "hoped in" Jesus, because he has now "gone". But in the present story, although Jesus is "found" by his parents, he already begins the process of withdrawl from them. In the resurrection account, Jesus' presence is discovered to be even more powerful as he withdraws from sight».

[84] Alla ricerca affannosa di Gesù da parte di Maria e Giuseppe *(anazetountes)* corrisponde la ricerca sul senso della passione del Messia da parte di Cleopa e compagno *(suzetein).*

[85] O. DA SPINETOLI, *Luca*, pp.129-131.

[86] Il termine *sunesis*, utilizzato in 2,47 per indicare l'intelligenza di Gesù, esprime in greco la capacità umana di "comprendere" le cose rettamente e in profondità, cf. F. ZORELL, *Lexicum Graecum*

Padre suo". In questo modo egli afferma un rapporto diverso da quello naturale tra figlio e genitori, una dimensione di figliolanza unica con il Dio di Abramo, Isacco e Giacobbe. Comprensione di certo non precisa, come rivela l'espressione *einai en tois tou patròs mou* "essere nelle cose del Padre mio". Essa si chiarirà durante la vita pubblica, grazie alle predizioni sulla sua morte-passione-risurrezione (Lc 9,22; 13,33; 17,25; 22,37), e raggiungerà il massimo di chiarezza con la Pasqua. Allora Gesù comprenderà in pienezza di non essere stato abbandonato dal Padre, ma di aver dovuto subire la morte per entrare nella gloria.

Secondo Luca Gesù a 12 anni aveva un'iniziale consapevolezza della sua vocazione filiale: obbedire al Padre lungo la sua esistenza. Si tratta dell'obbedienza a fare quanto è necessario, come risposta a chi si ama e da cui ci si sente amati. Questa relazione affettiva tra Gesù e il Padre si esprimerà lungo tutta la parabola della sua vita, fino al Getsemani e alla morte in croce: «**Padre**, se vuoi, allontana da me questo calice! Tuttavia non sia fatta la mia, ma la tua volontà (...). **Padre**, nelle tue mani consegno il mio spirito» (22,42; 23,46).

L'evangelista fa in modo che il lettore sappia prima del ministero pubblico, che Gesù dirà e farà "le cose del Padre", secondo il suo disegno salvifico. Egli offre una chiave di lettura degli eventi che accadranno, chiave di lettura ignota prima ai genitori[87] e poi ai due discepoli di Emmaus. Al lettore, come a Maria e Giuseppe, rimane il compito di comprendere in profondità il senso di tutta la vicenda storica del Messia, di meditarla nel suo cuore come Maria (2,19.51).

I numerosi parallelismi tra i primi due capitoli e i racconti o discorsi pasquali del terzo vangelo suggeriscono che l'autore e la comunità apostolica hanno ricompreso gli avvenimenti dell'infanzia di Gesù a partire dal mistero pasquale. Retroproiettando su di essi la luce della Pasqua, hanno compiuto una doppia operazione ermeneutica: leggere le profezie vetero-testamentarie come prefigurazione della nascita-passione-risurrezione di Cristo, illuminare di significati pasquali i fatti della sua infanzia.

Essa li interpreterà nella maniera corretta dopo il ministero quando Gesù siederà in trono in cielo. Quindi come parte della comunità riunita a ricevere il dono dello Spirito di Gesù a Pentecoste (At 1,14), essa udrà la proclamazione di Gesù glorificato quale «Signore, Messia, Salvatore» (At 2,36; 5,31) e arriverà a conoscere pienamente ciò che l'angelo intendeva dire annunciando ai pastori: «oggi vi è nato nella città di Davide un Salvatore che è Messia e Signore».[88]

In questo modo le origini di Gesù, *in primis* la sua concezione verginale, la sua nascita, la presentazione al Tempio etc. furono rivisitate dalla prima comunità credente alla luce di un'idea ermeneutica centrale: quello che egli fu e quanto gli accadde fin dall'inizio era stato

---

Novi Testamenti, ad vocem *sunesis*: «*cognitio profunda ac recta rerum (acquisita mentis acumine sive naturali sive a Deo dato*».

[87] Secondo L.T. JOHNSON, *The Gospel of Luke*, p. 61, l'ignoranza dei genitori di Gesù riveste una funzione letteraria. Luca informa il lettore che, come Gesù, egli deve crescere in sapienza, altrimenti non riuscirà a capire il senso di quanto legge.

[88] R.E. BROWN, *La nascita del Messia secondo Matteo e Luca*, p. 585.

opera dello Spirito, esattamente come la sua risurrezione[89] (Rm 8,11) e la Pentecoste (At 2,1-4.17-21).

Quest'attività avrà probabilmente coinvolto anche la madre di Gesù. Il conservare nel cuore quanto accadeva, il confrontarlo con la storia del suo popolo e col mistero pasquale, l'hanno portata a capire più a fondo il senso della nascita del figlio, della sua identità in rapporto a Israele e a IHWH. Questo lavoro di rilettura avrà comportato un tempo necessario a comprendere, come per gli apostoli. La necessità di questo processo è attestata dal Vangelo: Maria e Giuseppe «non compresero la parola (*rema*)» che Gesù disse loro al Tempio (2,49), i discepoli non «compresero quella parola (*rema*)...finché non la compresero» (9,45). In entrambi i casi le parole di Gesù hanno un significato misterioso sul suo tempo futuro: «essere nelle cose del Padre»/«essere consegnato nelle mani degli uomini» (2,50; 9,44). Parole incomprensibili alle orecchie dei genitori e dei discepoli. Maria[90] e gli altri avrebbero avuto bisogno di un tempo in cui custodire e capire quelle parole. Lo stesso Gesù avrà bisogno di crescere nella consapevolezza della sua relazione col «Padre», per non rimanere in quell'indeterminatezza iniziale dell'«essere nelle cose del Padre mio». Le «cose di Dio», a chiunque siano rivelate, richiedono intelligenza, tempo e lavoro di comprensione.

2. L'infanzia di Gesù e l'infanzia della Chiesa (Lc 1-2/At 1-7)

Posto che la comunità cristiana ha compiuto nei primi anni della sua vita un enorme lavoro di comprensione sull'identità del suo maestro, i primi anni della vita di quest'ultimo, conosciuti e custoditi da Maria, come sono stati ricompresi? I racconti dell'infanzia così ricchi d'incontri col mondo giudaico (il Tempio, i sapienti dottori, Simeone e Anna, Zaccaria ed Elisabetta con in grembo il Battista) che contributo hanno offerto al lavoro ermeneutico dei primi credenti, nel paragone col movimento del Battista e farisaico (anche forse apocalittico)?

Se Luca descrive Maria impegnata in un lavoro di confronto (*symballein*, 2,19) e di prolungata riflessione (*dia-terein*, 2,51) su Gesù; se la sua figura e il suo ruolo non hanno un posto marginale nel mondo narrativo e teologico dell'evangelista, è perché la sua presenza è stata ritenuta importante per una corretta lettura teologica del mistero di Cristo da parte della Chiesa nascente.[91] È possibile che egli l'abbia immaginata impegnata con la comunità

---

[89] Così si esprime a proposito N.T. WRIGHT: «La storia della nascita di Gesù concepito attraverso lo Spirito afferma che ciò che accadde in Gesù fu "di Dio". L'attività dello Spirito di Dio su di lui è stata proiettata a ritroso all'inizio della sua vita. Ciò che accadde a Gesù non fu della "carne" ma dello "Spirito", in M. BORG -N.T. WRIGHT, *Quale Gesù? Due letture*, Ed. Claudiana, Torino 2007, p. 229.

[90] Non è difficile notare l'intenzione dell'evangelista nell'attribuire solo a lei, e non a Giuseppe, il ruolo di chi «conserva nel cuore» quanto accaduto prima. Nei vv. 48-51 si passa dal plurale del «noi» dei due genitori alla sola Maria: «e sua madre serbava tutte queste parole nel suo cuore» (51,b). Lo stupore e l'incomprensione per le parole del figlio è di entrambi, ma la custodia nel cuore è solo della madre. Sarà la sua riflessione di fede, illuminata dalla Pasqua, che aiuterà la chiesa degli inizi a capire la portata di quelle parole. Si veda su questo: A. VALENTINI, *Maria secondo le Scritture. Figlia di Sion e madre del Signore*, Ed. Dehoniane, Bologna 2007, p. 279-280.

[91] G. DE VIRGILIO, *Teologia biblica del Nuovo Testamento*, p. 225 la definisce «una chiesa "mariana" in uscita».

primitiva nel lavoro di paragone tra l'evento di Gesù col ministero del Battista e le profezie messianiche vetero-testamentarie.

Inoltre, se lo scopo della scrittura del terzo Vangelo è che Teofilo «possa rendersi conto della solidità degli insegnamenti ricevuti», è possibile che l'evangelista abbia voluto difendere la validità della testimonianza di coloro che furono «testimoni oculari fin da principio e divennero ministri della Parola».[92] (Lc 1,4.3)

Per questa difesa serviva, da un lato, mostrare che fin dai suoi primi attimi di esistenza Gesù è stato annunciato e accolto da "giusti ebrei" come il "figlio di Davide, Messia, salvatore e Figlio di Dio, gloria d'Israele" (1,33.69; 2,11.26.32.47) e, dall'altro, stabilire un profondo nesso tra questi inizi e la storia di salvezza che Israele aveva vissuto fin dai tempi più antichi.[93] A questo scopo si prestava benissimo la classica rappresentazione della storia biblica come "promessa/compimento", come realizzazione di uno stesso disegno salvifico. Anche se Luca la utilizza espressamente solo in 22,37 e 24,25-27.44, nel proemio della sua opera dice di voler fare un «racconto ordinato dei fatti che si sono compiuti (*peplerophoremenon*) tra noi». Il verbo *plerophoreo* oltre a indicare semplicemente l'«accadere di un fatto» può significare anche che in esso «si compie» una promessa del passato[94] (come il verbo *pleroo*). Diversi indizi orientano verso questo tipo di lettura: la solennità del proemio, l'uso lucano di *pleroo* per segnalare il compimento delle profezie vetero-testamentarie (Lc 24,44; At 1,16), la diatesi che potrebbe indicare un passivo teologico, il tempo perfetto che descrive un'azione svolta nel passato i cui effetti sono validi ancora oggi.[95]

D'altronde le prime mosse narrative del terzo Vangelo sono ricche di allusioni a momenti e personaggi della passata storia d'Israele. In questo modo il neonato movimento cristiano poteva rivendicare una continuità con il giudaismo e una pretesa di essere compimento della storia di quest'ultimo.

La funzione dei racconti dell'infanzia è insieme storica e teologica, attenta a costruire un collegamento tra AT e NT, a mostrare nella persona di Gesù l'atteso di Israele ma anche al tempo stesso il salvatore del mondo. I personaggi che compaiono sulla scena, infatti, sono i

---

92 «Il Vangelo non è più anzitutto un escatologico agire di Dio in virtù della risurrezione di Gesù ma una trasmissione che deve risalire al Gesù terreno, dalla cui completezza e validità dipende tutto (...), gli apostoli possono essere testimoni della risurrezione soltanto quando sono in grado di garantire anche la trasmissione su tutto l'operato umano di Gesù», J. ROLOFF, *Apostolat/Verkündigung/Kirche. Ursprung, Inhalt und Funktion des kirchlichen Apostelamtes nach Paulus, Lukas und den Pastoralbriefen*, Gütersloh1965, p. 36, citato da A. VALENTINI, «In preghiera con Maria, la madre di Gesù (At 1,14)», p. 807, n. 73.

93 «Nei primi due capitoli del Vangelo c'è una transizione che vede Gesù diventare il protagonista del racconto al posto d'Israele: In essi fanno la loro comparsa, quasi presi dalle pagine dell'Antico Testamento, personaggi quali Zaccaria ed Elisabetta, Simeone e Anna, che sono gli ultimi rappresentanti della pietà d'Israele, mentre Maria recita un inno che è l'espressione delle ispirazioni del resto d'Israele (...). Le voci di codesti personaggi formano un coro per salutare la nuova era contrassegnata dall'avvento di Giovanni Battista e di Gesù», R.E. BROWN, *La nascita del Messia secondo Matteo e Luca*, p. 321.

94 Si confronti a proposito, J.A. FITZMYER, *The Gospel according to Luke I-IX*, pp. 293-294.

95 Così D. MARGUERAT, «Luc, l'historien de Dieu. Histoire et théologie dans les Actes des Apôtres», p. 11.

rappresentanti di quel resto d'Israele che costituisce l'eredità umana del vero spirito dell'osservanza della *Torah*. I cantici posti sulla bocca di queste figure venerande stilizzate sul modello dei personaggi della storia biblica sono una sintesi della storia della salvezza [...]. La salvezza si rende visibile, come dirà esplicitamente Simeone.[96]

Lo stesso Luca non scrive per puro impegno storiografico, la sua opera (Lc-At) è rivolta a una comunità ben precisa. Ne è prova il «noi» cui egli si riferisce nel proemio: «Molti hanno messo mano a fare un racconto ordinato dei fatti che si sono compiuti tra **noi**, come **ce** li hanno trasmessi...» (1,1-2). L'autore, insieme al destinatario Teofilo, si sente parte di una comunità ecclesiale, erede di una tradizione che risale fino a inizi ormai lontani, ma che è garantita da testimoni oculari. Essa si concepisce all'interno dell'unico progetto di salvezza che il Dio d'Israele ha realizzato nell'avvenimento di Cristo, compimento delle promesse fatte ai padri. E questo potrebbe valere anche per le cosiddette sezioni «noi» degli Atti.[97]

Un certo parallelismo si può cogliere anche nei due prologhi: «**i fatti compiuti** tra noi ...**dagli inizi**» (Lc 1,1) / «**tutte le cose** che Gesù **cominciò a fare** e insegnare» (At 1,1). Nell'intenzione dell'autore quanto «Gesù cominciò a fare e insegnare» ha la sua continuazione nell'opera degli apostoli, per questo i due volumi della sua opera si richiamano l'uno con l'altro grazie alla testimonianza di questi ultimi. Essi fungono chiaramente da tradizione formativa e normativa per la vita del movimento cristiano. Essi garantiscono alla generazione dei credenti contemporanei del nostro autore che quanto egli narra ha una solida base nella loro testimonianza oculare ed è l'ultimo terminale di una tradizione storica che ha il sul lontano inizio in Abramo.

Che l'origine della comunità cristiana abbia le sue radici storico-religiose nella tradizione biblica giudaica, si capisce anche dal fatto che i primi due capitoli del Vangelo oltre che essere infarciti di «settuagismi»,[98] trasudano di ambientazioni, consuetudini, leggi della tradizione biblico-giudaica.[99] Segnale chiaro[100] che l'inizio del movimento cristiano è in continuità con l'opera salvifica di Dio narrata nelle Scritture d'Israele.

---

[96] E. SALVATORE, «Gesù Cristo educato ed educatore», in *RdT* 53 (2012) 184.

[97] *Ibid.*, p. 11.

[98] Si tratta di espressioni, costruzioni grammaticali, che Luca usa per influsso della versione greca della LXX; cf. G. ROSSÉ, *Vangelo di Luca*, Città Nuova, Roma 1992, pp. 17-18.

[99] Si pensi solo agli inni del Magnificat, del Benedictus e del vecchio Simeone con continui richiami all'AT (1,46-55; 1,67-79; 2,29-32), all'ambientazione del Tempio (1,8ss; 2,22ss; 2,46ss), al genere letterario degli annunci angelici (1,11ss; 1,26-38), alle norme sulla circoncisione del figlio maschio, sulla purificazione rituale della madre, sul riscatto del maschio primogenito (2,21ss).

[100] Segnale rivolto non solo alla Sinagoga, che nell'epoca di composizione del Vangelo (dopo il 70 dC.) non aveva ancora rotto con le prime comunità cristiane, ma anche all'autorità romana che, sebbene si mostrasse abbastanza permissiva nei confronti di nuovi movimenti religiosi, esercitava comunque il proprio controllo politico e civile su ogni nuova manifestazione culturale-religiosa. In tale contesto, mostrare nella propria carta d'identità un'origine antica e autorevole, come quella giudaica, avrebbe permesso ai cristiani di godere della benevolenza di Roma. Il carattere apologetico dell'opera lucana è messo in evidenza da diversi studiosi negli ultimi decenni: G.E. STERLING, *Historiography and Self-Definition. Josephos, Luke-Acts and Apologetic Historiography* (NT.S) 64), Leiden-New York-Köln 1992; S. BUTTICAZ, «Between Jerusalem and Rome: The Acts of luke as a People's Foundation myth», in *RivB* LXV (2017) 39-69; D.

Colei che quest'avvenimento aveva generato e custodito non rappresentava una figura di secondo piano. Nel processo di memorizzazione compiuto dalla prima comunità cristiana sulla vita di Gesù, Maria non avrà avuto solo il compito di ricordare quanto accadutole con lui. La sua interpretazione di quei fatti custoditi e meditati, riletti alla luce delle profezie vetero-testamentarie e degli eventi pasquali, può essere servita al processo di formazione identitaria delle prime chiese, bisognose di testimoni utili non solo per la memoria di fatti passati ma anche per la formazione normante di quel «noi» per cui Luca scrive l'intera sua opera. La composizione di Luca-Atti è nata, secondo Marguerat, per un progetto ben preciso:

> L'auteur s'est employé à élaborer une memoire de Jésus doublée d'une mémoire apostolique, en vue de préserver la tradition des origines et d'en léguer l'héritage à la mouvance paulinienne à laquelle il appartient – cette mouvance identifiable derrière les "nous" auxquels se réfère la préface de son œvre (Lc 1,1-2). Ou pour le dire autrement: c'est à l'intention de la mouvance paulinienne à laquelle il appartient que l'auteur a écrit son œvre mémoriale de "Jésus à Paul", une œvre destinée à canoniser le passé pour qu'il devienne la mémoire "officielle" du mouvement.[101]

Indipendentemente dall'identificazione del suo movimento di appartenenza, a Luca è riconosciuto di essere molto attento al presente della primitiva vita ecclesiale e al suo compito.[102] In quest'inizio della sua avventura nella storia, la chiesa delle origini ha potuto trovare negli inizi di Gesù[103] significati e orientamenti per la sua identità di nascente comunità in seno al Giudaismo e al mondo pagano. Pur senza arrivare a parlare, come fa Butticaz,[104] di un *tertium genus hominum*, distinto dal popolo giudaico e dai pagani dell'Impero, non ci sembra sbagliato ipotizzare già nel terzo Vangelo la sottolineatura di alcuni punti fondanti l'identità del nuovo soggetto credente che sta sorgendo e di cui Luca si presenta come lo storico autorevole, soprattutto negli Atti.

Sia nel Vangelo che in Atti, i tratti salienti dell'identità del nuovo popolo sono proposti in modo da sottolineare non solo la continuità rispetto alla comune radice giudaica, ma anche la novità e l'originalità del suo credo. Luca intende narrare e interpretare a Teofilo e agli altri suoi lettori i fatti che, fin dagli inizi, rendono solido (l'*asphaleia* di Lc 1,4) l'insegnamento da essi ricevuto. Se, come ritengono molti autori moderni,[105] l'opera di Luca-At è scritta dopo l'80 d.C., allora essa è nata anche per dare risposta alla crisi che la terza generazione di cristiani vive in quel periodo.

MARGUERAT, *The First Christian Historian. Writing the 'Acts of the Apostles'* (SNTS.MS 121), Cambridge 2002; IDEM, *Gli Atti degli Apostoli*, I, Ed. Dehoniane, Bologna 2011, pp. 29-34.

101 IDEM , pp.18-19.

102 Fino al punto da essere accusato di ignorare l'attesa della parousia e l'annuncio escatologico a favore di un accento troppo forte sulla tradizione apostolica (protocattolicesimo). Cf. C. BOTTINI, *Introduzione all'opera di Luca. Aspetti teologici*, Ed. Franciscan Press, Jerusalem 1992, pp. 44-49.

103 G. DE VIRGILIO, *Teologia biblica del Nuovo Testamento*, p. 205: «L'inizio della storia di Gesù è in correlazione con l'inizio della vita della Chiesa (Lc 1,5-2,52; At 1,6-2,47)».

104 S. BUTTICAZ, «Between Jerusalem and Rome: The Acts of luke as a People's Foundation myth», p. 54.

105 MARGUERAT, «Luc, l'historien de Dieu. Histoire et théologie dans les Actes des Apôtres», p. 30 ; BUTTICAZ, «Between Jerusalem and Rome: The Acts of luke as a People's Foundation myth», p. 58.

Crisi determinata anzitutto dalla scomparsa dei primi testimoni oculari («i padri che hanno chiuso gli occhi» di 2Pt 3,4); il mancato arrivo della parusia e la nascita di eresie dottrinali («i lupi rapaci» di At 20,29; «gli ingannatori...falsi maestri» di 2Pt 3,3; 2,2ss; 2Gv 7); un'errata interpretazione di alcuni passi di lettere paoline (2Pt 3,16); una sempre più marcata differenziazione tra fariseismo giudaico e chiesa cristiana,[106] una crescente diffusione delle prime comunità cristiane tra i pagani, ritenuti, insieme ai giudei, destinatari della benedizione e promessa di Dio ad Abramo: «Voi siete i figli dei profeti e dell'alleanza che Dio stabilì con i vostri padri, quando disse ad Abramo: *nella tua discendenza saranno benedette tutte le nazioni della terra.* Dio dopo aver risuscitato il suo servo, l'ha mandato prima di tutto a voi[107] per portarvi la benedizione...» (At 3,25-25).

I primi due capitoli delle due opere di Luca possono essere considerati rispettivamente come Vangelo dell'infanzia di Cristo e della chiesa. Essi appaiono diversi dalle parti che seguono: sono testi marcatamente teologici, che anticipano gli inizi della vita di Cristo e della chiesa – con un linguaggio di fede esplicita – quanto solo al termine del Vangelo e degli Atti si può dire effettivamente realizzato. Si tratta dunque di una riflessione dopo gli eventi, alla luce della Pasqua e sotto l'influsso dello Spirito Santo.[108]

Secondo il Brown le numerose somiglianze tra Lc 1-2 e At 1-2[109] proverebbero che l'autore ha composto il vangelo dell'infanzia dopo la composizione dei due volumi, fissando così un parallelismo tra questi capitoli.

3. La comunità lucana comprende se stessa nel confronto con le Scritture d'Israele e il Battista.

Prenderemo in esame prima i testi del vangelo dell'infanzia, dove si afferma che in Gesù si compiono le promesse di Dio delle Scritture profetiche, poi quelli riguardanti l'annuncio e la nascita di Giovanni Battista, profeta apocalittico. Nella speranza di scorgervi una *synkrisis* che mostri come, secondo l'ermeneutica della chiesa delle origini, già nell'infanzia di Gesù si compiano le promesse divine contenute nelle Scritture d'Israele e si indichi la superiorità del movimento gesuano rispetto a quello del Battista.

Il fulcro che muove il pensiero teologico lucano è determinato dal permanente confronto tra la fede d'Israele e il messaggio cristologico e soteriologico, tra la continuità della «storia della salvezza» già vissuta dal popolo eletto e l'apertura del vangelo al nuovo popolo dei pagani. In questa chiave di lettura è possibile configurare anche la giusta relazione tra la dimensione storica e quella teologica rilevabili nell'opera di Luca, in quanto solo attraverso la ricostruzione «storica» degli avvenimenti e la loro

---

[106] Si notino oltre alle chiari e forti accuse nel suo discorso, alcune espressioni di Pietro in At 3,17.25: «i vostri capi...i vostri padri».

[107] Se «prima di tutto» Cristo è mandato ai Giudei per ricevere la benedizione, è sottinteso che egli è stato strumento di benedizione anche per i pagani. Sembra di risentire Rom 1,16: il Vangelo «è potenza di Dio per la salvezza di chiunque crede, del Giudeo, prima, come del Greco».

[108] A. VALENTINI, *Maria secondo le Scritture*, p. 267.

[109] Ad es. il dono dello Spirito (Lc 1,15.41.67.80; At 2,25-27), i discorsi di Atti e gli inni di Lc 1-2; le apparizioni angeliche (Lc 1,11.26; 2,9; At 5,19;8,26; 10,3; 12,7; 27,23); il titolo Messia-Signore di Lc 2,11 richiama quello di Signore e Messia di At 2,36; la *synkrisis* tra Gesù e il Battista richiama i parallelismi tra Pietro e Paolo.

reinterpretazione «teologica» alla luce delle Scritture e dell'evento pasquale risulta chiaro e credibile il ruolo salvifico della missione di Gesù e della predicazione ecclesiale.[110]

a. Lc 1-2 e le Scritture d'Israele.

Anche se nei racconti dell'infanzia di Gesù mancano le tipiche formule di compimento del Vangelo di Matteo (*questo avvenne perché si compisse ciò che era stato detto per mezzo del profeta/dei profeti*, Mt 1,22; 2,17.23), Luca non ha certo lesinato di intessere la trama dei primi due capitoli del suo primo volume di continui richiami a personaggi dell'Antico Testamento, come Abramo la cui alleanza con Dio è cantata dal cantico di Maria e di Zaccaria (1,55.72-73); il profeta Samuele e la madre Anna (1Sam 1,11; 2,1.7-8); il re Davide cui alludono Zaccaria e l'angelo nel suo annuncio (1,32-33.69). Il riferimento alla Legge di Mosè è chiaro nella raffigurazione dei genitori Zaccaria-Elisabetta/Giuseppe-Maria, irreprensibili osservanti della Torah e dei riti mosaici (circoncisione dei due bambini all'ottavo giorno: 1,59; 2,21; la purificazione della madre dopo il parto e la presentazione di Gesù al Tempio: 2,22ss; cf. Lv 12,2-4; Nm 18,15; 1Sam 1.24-28).

Diverse figure che compaiono sulla scena sono Israeliti-*tupoi* dell'Israele che non ha rifiutato, ma ha accolto il Messia Gesù: Elisabetta, Simeone, Anna, i pastori. Lo stesso Giovanni, ancora nel grembo della madre, esulta all'arrivo di Maria incinta del Messia (1,44). Inoltre non manca la chiara intenzione ermeneutica dell'evangelista di leggere gli eventi dell'infanzia come compimento dell'attesa messianica d'Israele: il sacerdote Zaccaria, colmo di Spirito Santo, saluta la nascita del Salvatore come evento suscitato da Dio «nella casa di Davide suo servo, come aveva detto per bocca dei suoi santi profeti d'un tempo» e come compimento delle promesse fatte da lui nell'alleanza con Abramo e i padri (1,69-73). Con parole quasi identiche anche Maria proclama che Dio «ha soccorso Israele, suo servo, ricordandosi della sua misericordia, come aveva detto ai nostri padri, per Abramo e la sua discendenza, per sempre» (1,54-55).

Non casuale appare inoltre l'insistente sottolineatura di Luca su Betlemme «città di Davide» (2,4.11) e sull'appartenenza di Gesù, figlio di Giuseppe, al casato davidico (1,32.69; 2,4b). Infine l'annunciato ascetismo del Battista ricorda il voto del nazireato (Nm 6,1ss) di Sansone (Gdc 13,15) e Samuele (1Sam 1,15), mentre l'essere «colmato di Spirito Santo fin dal ventre della madre» (1,15) richiama le antiche vocazioni profetiche (Gdc 13,5.7;; 16,17; Ger 1,5; Is 49,1). Senza dimenticare che la sua futura predicazione (1,17) ha un carattere messianico escatologico in perfetta linea con i testi di Ml 3,1.23-24 e Is 40,3. Luca considera, dunque, la figura e l'opera di Giovanni come il compimento della profezia di Malachia e come preparazione della venuta escatologica del Messia.

I primi due capitoli del terzo Vangelo sono costellati di richiami e allusioni più o meno chiari a leggi, costumi, personaggi, testi dell'Antico Testamento. I *pragmata* ivi narrati sono

---

[110] *IBIDEM*, p. 209. Sulla non contrapposizione tra storiografia e kerygma in Luca sono d'accordo anche D. MARGUERAT, «Luc, l'historien de Dieu. Histoire et théologie dans les Actes des Apôtres», pp. 9-10, che definisce l'opera lucana una «histoire kérygmatique» ; V. FUSCO, *Da Paolo a Luca : Studi su Luca-Atti*, I, Ed. Paideia, Brescia 2000, p. 56, secondo cui nell'opera lucana «la riflessione teologica passa attraverso la narrazione, la ricostruzione di ben determinati avvenimenti».

comprensibili solo alla luce di quelli vetero-testamentari. Come attesta il verbo *plerophorein* «portare a compimento, a pienezza», utilizzato programmaticamente dall'autore nel prologo (Lc 1,1) per sottolineare che i fatti raccontati portano a compimento il disegno di Dio, compimento annunciato dalle profezie d'Israele. Lo stesso participio perfetto alla diatesi passiva può bene indicare che si tratta di «fatti compiuti da Dio» i cui effetti perdurano nel presente.[111]

Poiché questi fatti riguardano l'intero arco narrativo della vita di Gesù, Luca invita il suo lettore a leggere il testo come verifica di questa domanda: «gli eventi compiuti tra noi» rappresentano un compimento delle promesse fatte ai nostri padri, ad Abramo e ai profeti? Non solo Teofilo, ma anche tutti i lettori dell'opera lucana appartengono al «noi» della comunità cristiana. Ed essa guarda ad Abramo e ai protagonisti dell'intera storia d'Israele come ai «suoi padri». La comunità lucana è da lui provocata a compiere un cammino di conferma della sua fede: dalla presente risposta all'annuncio di Cristo morto e risorto, all'indietro, attraverso la *paradosis* dei testimoni e servi della parola, fino all'alleanza e alle promesse dei padri. Quest'operazione ermeneutica permette di raggiungere quell'*asphaleia,* «certezza solida», sugli insegnamenti ricevuti, che l'autore augura al suo lettore Teofilo.

Nell'intera opera lucana si coglie, d'altronde, la convinzione teologica che la comunità cristiana non si è sostituita al popolo dell'alleanza, né che rappresenta un «nuovo Israele». Maria e Giuseppe, Zaccaria ed Elisabetta, i pastori, la profetessa Anna e il vecchio Simeone, non sono i rappresentanti di un nuovo popolo. In quanto giudei che «aspettavano la redenzione» (2,38) e hanno creduto al compimento delle promesse messianiche, essi rappresentano l'Israele fedele, che ha visto e non ha rifiutato la salvezza portata da Cristo.[112] Quest'ultimo, secondo le parole profetiche di Simeone al Tempio, è segno di contraddizione «posto per la caduta e l'innalzamento di molti in Israele». Secondo Luca, quanti tra gli israeliti hanno rifiutato la via della salvezza portata da Gesù hanno in lui inciampato e sono caduti, quanti invece vi hanno aderito sono stati da Dio sollevati, innalzati (1,25.46-49). I primi volutamente si sono staccati dall'Israele che ha creduto, i secondi invece continuano a rappresentare l'unico popolo eletto, erede delle antiche promesse fatte ad Abramo e ai padri. I pagani che in un secondo momento aderiranno all'annuncio apostolico, saranno accolti nel seno di questo popolo messianico, diventandone parte integrante.[113]

In questa visione teologica la storia d'Israele, le alleanze, i padri, la legge, il culto, le promesse (Rm 9,4) rappresentano (secondo la metafora paolina) le primizie che santificano la

---

[111] Così intende G. DELLING, *plerophoreo*, in *GLNT*, X, 707-708: «*significa compiere, portare a termine,* ma qui con un contenuto più ricco, essendo riferito agli interventi di Dio in un quadro storico nel quale l'autore si sente direttamente incluso (*en emin*). Nell'affermare che questi fatti "si sono compiuti", evidentemente si sottolinea la loro importanza in quanto atti salvifici compiuti da Dio» e C. SPICQ, *plerophoreo,* in *Note di lessicografia neo-testamentaria*, in *GLNT*, S 4*, 401: «Gli eventi decisivi della salvezza sono stati condotti a termine, completati da Cristo. Vi è forse un'allusione al perfetto adempimento delle Scritture; la pienezza della realizzazione è ben anche quella di un compimento» . Sulla stessa linea: P. TREMOLADA, «Il proemio al vangelo di Luca (Lc 1,1-4)» , in *PSV* 43 (2001), p.127 e M. CRIMELLA, «"Poiché molti...". Lettura narrativa del proemio del terzo Vangelo (Lc 1,1-4)», in *RivB* LXV (2017) 304-305. Contario, invece, all'ipotesi di un "Erfüllung" delle promesse è M. WOLTER, *Das Lukasevangelium*, Tübingen 2008, p. 62.

[112] G. ROSSÉ, «Chiesa e Israele nell'opera lucana», in *RivB* LXV (2017) 379.

[113] G. LOHFINK, *Die Sammlung Israels*, München 1975, p. 60.

pasta e la radice santa che santifica i rami, quelli rimasti e quelli innestati (Rm 11,16). Luca, come Paolo, non crede che la caduta di coloro che hanno detto no all'annuncio evangelico abbia provocato il ripudio dell'Israele storico, anzi nei primi due capitoli fa intendere chiaramente che esiste un'unica storia, in cui gli ultimi eventi sono compimento di quelli antichi.

Nell'intento dell'autore, i primi racconti del vangelo dovevano far capire a Teofilo, proveniente dal paganesimo, che egli era entrato a far parte della storia di un popolo antico e santo, i cui ultimi epigoni sono all'inizio proprio i personaggi dei primi due capitoli. In questi ultimi, nell'incontro di Gesù con i personaggi che rappresentano il popolo dell'alleanza, non c'è mai una situazione conflittuale, ma sempre di gioiosa accoglienza. Elisabetta sente sobbalzare nel suo grembo Giovanni, l'ultimo profeta dell'Antico Testamento e precursore del Messia, e proclama «beata colei che ha creduto al compimento delle parole del Signore»[114] (1,45). Al Tempio sarà Simeone ad accogliere con entusiasmo il neonato Gesù come «la salvezza preparata da Dio davanti a tutti i popoli, luce per le genti e gloria del suo popolo Israele» (2,30-31). Entrambi sono mossi dallo Spirito Santo (nel caso di Simeone si sottolinea tre volte: 2,25.26.27; per Elisabetta una volta: 1,41). I cantici di Maria e Zaccaria (1,46-55. 68-79) assomigliano ai salmi che celebrano la salvezza di Dio per il suo popolo, dalla promessa fatta ad Abramo e continuata a favore di Davide. Israele è sempre presentato come il popolo dell'alleanza, visitato da Dio per riconoscere la sua salvezza, non solo per sé ma anche per tutti coloro che stanno nelle tenebre e nell'ombra di morte,[115] quando finalmente risplenderà il sole che sorge dall'alto.

Il terzo vangelo sembra attestare una situazione storica in cui ormai la comunità cristiana si è staccata dal giudaismo, ma non l'ha rinnegato, anzi lo considera parte insostituibile e teologicamente fondante la sua stessa vita ed esistenza.

Luca ha coscienza che la rottura tra Chiesa e Israele non è concepibile. Il cordone ombelicale che li mantiene imparentati è la stessa Scrittura, la Sinagoga e la Chiesa l'hanno in comune. Tutte le comunità cristiane riconoscono come Signore il Messia annunciato da questa Scrittura, salvezza per Israele, ma anche luce per le genti e causa di divisione all'interno dello stesso popolo eletto. Luca si è sforzato, lungo la sua opera, di mostrare che la situazione attuale della Chiesa del suo tempo, in relazione a Israele, è conforme al misterioso piano divino previsto dai profeti e da Mosè; e la stessa Scrittura – certo in prospettiva cristiana – fa capire che non si può staccare la storia della Chiesa dalla storia d'Israele: è una storia che dalle promesse porta al compimento.[116]

---

[114] Già nelle prime parole dette a Maria «A che debbo che la madre del mio Signore venga a me» è presente una chiara allusione alle parole con cui Davide aveva accolto con sacro timore l'arca trasferita a Gerusalemme: «Come potrà l'arca del Signore venire da me» (2Sam 6,9). E il sussulto gioioso del Battista nel grembo di Elisabetta potrebbe richiamare alla memoria la danza di gioia rituale dello stesso re davanti all'arca del Signore (2Sam 6,16).

[115] Così commenta A. VALENTINI, *Vangelo d'infanzia secondo Luca*, p. 244: «Destinatario di tale liberazione è in primo luogo il popolo d'Israele, come appare dal "noi" del v. 79, ma non si può escludere il riferimento ai pagani secondo la prospettiva particolare di Luca, per il quale la salvezza è rivolta anzitutto a Israele, ma anche ai pagani, come affermato da Simeone (Lc 2,32) ed esplicitato da At 13,46s; 26,17-18».

[116] G. ROSSÉ, «Chiesa e Israele nell'opera lucana», pp. 394-395.

b. Il confronto tra Giovanni Battista e Gesù in Lc 1-2

Diversi brani di Lc 1-2 sono sovrapponibili ad altri, formando un chiaro quadro comparativo tra Giovanni Battista e Gesù:[117] annuncio a Zaccaria padre del Battista/annuncio a Maria madre di Gesù; primi momenti di vita di Giovanni Battista/primi momenti di vita di Gesù; cantico di Zaccaria/cantico di Maria. Indichiamo in forma di *synkrisis* questi parallelismi:

Profilo dei genitori: Zaccaria/Elisabetta (1,5-7)	*Maria/Giuseppe (1,26-27)*
L'angelo annunciante: Zaccaria (1,8-11)	*Maria (1,28)*
La reazione all'apparizione: Zaccaria (1,12)	*Maria (1,29)*
L'angelo annuncia la nascita: Zaccaria (1,13-17)	*Maria (1,30-33)*
La reazione all'annuncio: Zaccaria (1,18)	*Maria (1,34)*
La risposta dell'angelo: Zaccaria (1,19-20)	*Maria (1,35)*
Conclusione dell'apparizione: Zaccaria (1,21-23)	*Maria (1,38)*
Riferimento a Elisabetta: 1,24-25	*Maria (1,36-37)*
Nascita del bambino: Giovanni (1,57)	*Gesù (2,1-7)*
Gioia del popolo: Giovanni (1,58)	*Gesù (2,8-20)*
Circoncisione e nome: Giovanni (1,59-64)	*Gesù (2,21)*
Crescita del bambino: Giovanni (1,80)	*Gesù (2,40)*

Dai contenuti di questo quadro sinottico emergono, oltre alle somiglianze, diverse e significative differenze tra le figure di Maria/Zaccaria, Giovanni/Gesù.

Nel confronto tra Zaccaria e Maria, si nota che l'iniziale reazione di turbamento e timore dei due alle parole di Gabriele ha una diversa sfumatura: Zaccaria reagisce alla visione dell'angelo, Maria alle parole di quest'ultimo, domandandosi il senso delle parole del suo saluto. Ma è soprattutto diversa la risposta all'annuncio ricevuto: dubbioso scetticismo nel primo, entusiasta accoglienza nella seconda (1,18; 1,34.38). Zaccaria, infine, sarà privato temporaneamente della parola e reso incapace di svolgere il suo **servizio** al Tempio, Maria si definisce **serva** del Signore (1,20-22; 1,38).

È soprattutto la *synkrisis* tra Giovanni Battista e Gesù che rivela significative differenze teologiche. Anzitutto il profeta è «grande davanti al Signore», Gesù è «grande» in assoluto, senza ulteriori qualificazioni (1,15a; 1,32a); il primo «sarà ricolmato di Spirito Santo fin dal

[117] Si veda a proposito lo studio di A. GEORGE, « Le parallèle entre Jean-Baptiste et Jésus en Luc 1-2», in A. DESCAMPS- A. DE HALLEUX (a cura di), *Mélanges Béda Rigaux*, Gembloux 1970, pp. 147-171.

seno di sua madre» (1,15c), il secondo sarà concepito grazie all'azione dello Spirito Santo[118] (1,35a); il primo, pur se i genitori sono avanti negli anni, è concepito sempre per via naturale (1,7.13.18.24-25), il secondo per via soprannaturale (1,34-35); il figlio di Zaccaria sarà un nazireo consacrato a Dio nell'astinenza da bevande inebrianti (1,15a), il figlio di Maria «sarà santo e chiamato Figlio di Dio» (1,35b); la missione del profeta sarà quella di preparare al Signore un popolo ben disposto per il giorno di IHWH (1,17), quel giorno sta arrivando con la nascita del Messia Gesù «grande, Figlio dell'Altissimo; il Signore Dio gli darà il trono di Davide suo padre e regnerà per sempre sulla casa di Giacobbe e il suo regno non avrà fine» (1,32-33).

Qualunque sia stata la finalità[119] dell'evangelista nel presentare questo confronto tra le due figure e le rispettive missioni, all'origine del racconto dei due annunci, frutto di rielaborazione teologico-pasquale del redattore, deve esserci stata un'opera di memorizzazione e di tradizione di un nucleo storico, tradizione arrivata poi fino a Luca. A meno che non si affermi che si tratta di leggende inventate da lui. Nel caso dell'annuncio della nascita di Gesù, è irragionevole pensare che in quest'operazione di memorizzazione un ruolo più o meno importante possa essere stato svolto da Maria sua madre? Se così non fosse perché l'evangelista ha voluto descriverla nell'atto di custodire e interpretare quanto accadeva al figlio? Perché la scelta dell'evangelista di porre in parallelo i due annunci a Zaccaria e Maria, i loro rispettivi cantici, le due nascite del Battista e di Gesù?

Se Luca ha attinto a una tradizione pre-evangelica da lui rielaborata a partire dai modelli di annunciazione vetero-testamentari, si può pensare che Maria abbia contribuito al formarsi di essa. Solo in questo modo si evitano due opposte e radicali tendenze: il racconto dell'annuncio angelico rispecchia un reale fatto storico; Luca lo avrebbe costruito di sana pianta a partire dall'idea «di una proclamazione della nascita di Gesù avvenuta prima del suo concepimento».[120]

Con questo non vogliamo dire che sia esistita una fonte che risalga direttamente a Maria, ma ipotizzare l'esistenza di qualche tradizione al cui formarsi essa poté contribuire. Se la escludessimo da questo processo di formazione di materiale tradizionale, dovremmo

---

[118] L'azione dello Spirito nel caso del concepimento verginale di gesù rappresenta un *unicum* nella storia biblica, perché ad essere annunciata è la nascita del Messia, figlio di Davide e Figlio dell'Altissimo.

[119] Secondo qualche autore l'intento di Luca sarebbe squisitamente apologetico nei confronti della setta messianica del Battista che continuava a considerare il proprio maestro come il vero Messia, cf. R.E. BROWN, *La nascita del Messia secondo Matteo e Luca*, pp. 376-380. Per altre posizioni più o meno simili cf. K.A. KUHN, «The point of the Step- Parallelism in Luke 1-2», in *NTS* 47 (2001) 40, n. 5; F. MANZI, «Giovanni Battista e Gesù: maturazione umana e singolarità filiale», in *PSV* 49 (2004) 145, pensa che l'intento di Luca sia stato di «prospettare, fin dall'inizio, la particolare missione salvifica affidata da Dio Padre a suo Figlio Gesù e preparata – sempre per disposizione divina – dalla missione profetica di Giovanni Battista. All'interno di questo intento di fondo si comprende il significato specifico dei cenni alla maturazione personale di Gesù e di Giovanni Battista: testimoniare che Gesù, che –da vero uomo - è *cresciuto come* il coetaneo Giovanni Battista, in realtà *è diverso* da lui, perché – come egli stesso ha mostrato ben presto di sapere – è il Figlio di Dio e ha ricevuto dal Padre suo una missione salvifica sostanzialmente superiore a quella del suo precursore».

[120] R.E. BROWN, *La nascita del Messia secondo Matteo e Luca*, p. 396ss.

ammettere che altri o lo stesso Luca abbiano inventato tra l'altro il concepimento verginale di Gesù. Il che non sarebbe ragionevole e porterebbe ad ammettere che l'intero impianto di Lc 1-2 è leggendario. Sarebbero allora creati dalla penna dell'autore i personaggi di Zaccaria ed Elisabetta, Simeone e Anna, lo stesso Giovanni Battista. Ci sembra più equilibrato pensare piuttosto alla formazione di un materiale tradizionale cui la madre di Gesù ha dato il suo contributo per gli eventi che più la riguardavano da vicino. Questo nucleo originale di dati, custodito dalle comunità cristiane anche in forma scritta, giunse fino a Luca, che se ne servì per ricostruire teologicamente alcuni momenti dell'infanzia del Messia, da lui ritenuti salienti ai fini teologici dell'intera sua opera.

Riguardo all'ipotesi di fonti per Lc 1 così si esprime Brown:

Non vedo alcuna necessità di ipotizzare né una fonte legata a Giovanni Battista né una fonte legata a Maria (...). Luca aveva a disposizione alcuni dati a lui pervenuti dalla tradizione, per es, il nome dei genitori di Giovanni Battista. Era quindi pre-lucana la tendenza di mettere a confronto il concepimento di Gesù con quello delle figure salvifiche dell'AT ricorrendo al modello letterario dell'annunciazione, e anche l'idea di un concepimento verginale che aveva avuto luogo mentre Maria era legata dal contratto matrimoniale con Giuseppe ma non era ancora andata a vivere con lui. Ma fu Luca stesso che combinò e rimpolpò codeste tradizioni, incorporandovi una formula di fede cristiana su Gesù quale figlio di Davide e Figlio di Dio (…). Cedendo al gusto del parallelismo, egli costruì un'annunciazione del concepimento di Giovanni Battista da controbilanciare all'annunciazione del concepimento di Gesù, preoccupandosi, però, da buon teologo, di tenere Giovanni Battista a un livello più basso.[121]

Che l'evangelista voglia mettere in evidenza il ruolo unico svolto da Maria nel processo di memoria dell'infanzia di Gesù, si intuisce anche dal fatto che egli nel racconto del ritrovamento di quest'ultimo al Tempio, prima accomuna i due genitori nella reazione di incomprensione alle parole del figlio (2,50), poi solo della madre rileva che «conservava tutte queste cose nel suo cuore». Dietro l'insistente annotazione di Luca potrebbe celarsi l'intenzione sua e della comunità di rappresentare la madre di Gesù come uno degli attendibili testimoni degli ormai lontani eventi dell'infanzia. Che essa abbia custodito e cercato di capire nel tempo i momenti più importanti dell'infanzia del figlio, può essere stato un primo *step* che ha contribuito al successivo lavoro di rilettura teologico-pasquale compiuta dalle prime comunità cristiane, *in primis* quella lucana.

Se presso il nostro autore Maria non avesse goduto di questa considerazione, come spiegare la sua voluta omissione delle parole di Gesù «Chi è mia madre e chi sono i miei fratelli?», riportate invece da Mc 3,33 e Mt 12,48, al momento della visita dei familiari di Gesù a Cafarnao? È forse un caso che egli mantenga invece la successiva frase «Mia madre e miei fratelli sono coloro che ascoltano la parola di Dio e la mettono in pratica» (Lc 8,21)? O che la ponga immediatamente dopo le parole con cui Gesù parla del seme caduto nel terreno buono «Quello caduto sul terreno buono sono coloro che, dopo aver ascoltato la Parola con cuore integro e buono, la custodiscono e producono frutto con perseveranza» (8,15)?

[121] *IBIDEM*, p. 327.

Poiché questo testo contiene l'espressione *katechein en kardia* «custodire, trattenere in cuore», simile alla nostra *sunterein/diaterein en te kardia*, possiamo dire che nell'intenzione dell'evangelista Maria rappresenta il tipo del credente che ascolta e custodisce nel cuore quanto Dio semina nella sua vita. Ed è questo probabilmente il motivo per cui la comunità cristiana per mezzo della voce di due donne, Elisabetta e la popolana, la proclamano «beata» (Lc 1,45; 11,27), e Gesù stesso ne dà conferma, sottolineando ancora che la sua beatitudine ha la sua ragion d'essere nell'obbedienza alla parola di Dio (11,28).

Essa (...) non rimane sorda al mistero che lo circonda. La sua mancanza di comprensione non è destinata a restare per sempre. Perché il fatto che essa custodiva tutte quelle cose in cuor suo serve a prepararla a una comprensione che avverrà in futuro quando essa sarà un membro della comunità di fede (At 1,4). (...). Maria (...) è l'unico personaggio adulto del racconto dell'infanzia che sarebbe ricomparso nel ministero di Gesù e nella vita della Chiesa. (...). La cristologia di Gesù come Figlio di Dio non fu compresa se non dopo la risurrezione. Nel sottolineare il fatto che Maria custodiva in cuor suo gli avvenimenti che succedevano, cercando con la riflessione di coglierne il significato. Luca dà prova di un'intelligenza della storia penetrante: c'è stata una continuità dal bambino Gesù al fanciullo Gesù al Gesù del ministero al Gesù risorto; e quanto i discepoli Cristiani come Maria credettero in Gesù come Figlio di Dio dopo la risurrezione, essi cercarono di esprimere in maniera adeguata le intuizioni che a tal proposito avevano già avute da un pezzo.[122]

IX. Maria «testimone tradente»?

Riferendosi ai «fatti (*pragmata*) accaduti tra noi» Luca afferma che essi sono stati tramandati (*paradidomi*) «a noi da coloro che dall'inizio ne furono testimoni oculari (*autoptai*) e (da coloro che) diventarono ministri[123] della Parola». Il testo non è chiaro e solleva diverse questioni:

1. A quali fatti si riferisce l'autore: a tutti gli avvenimenti riguardanti Gesù, compresa la sua infanzia (capp. 1-2), o solo a quelli del suo ministero-passione-morte-risurrezione (capp. 3-24)? La risposta a questa domanda dipende essenzialmente da come si risolve quella successiva.

2. «I testimoni e i servi della Parola» rappresentano un unico gruppo o si tratta di due gruppi diversi? Nel caso si tratti di uno stesso insieme di persone, dobbiamo pensare solo agli apostoli che furono testimoni dei fatti riguardanti Gesù dall'inizio del suo ministero (*ap'arches,* dal battesimo in avanti) e poi divennero ministri della Parola nella predicazione del kerygma post-pasquale. In quest'ipotesi risultano chiaramente tagliati fuori tutti i testimoni dei fatti dell'infanzia di Gesù, *in primis* sua madre.

---

[122] R.E. BROWN, *La nascita del Messia secondo Matteo e Luca*, p. 673.

[123] I termini *autoptes e yperetes* indicano in greco rispettivamente un «testimone oculare (che ha visto coi propri occhi)» e un «servo di una casa, funzionario di un ufficio». Nella comunità cristiana assunsero un significato tecnico: i testimoni oculari dei fatti riguardanti Gesù; coloro che svolsero il servizio della Parola.

Se invece l'espressione lucana è riferita a due gruppi diversi, possiamo ipotizzare che l'autore volesse distinguere il gruppo dei testimoni (a cominciare dall'infanzia di Gesù) dal gruppo dei ministri della Parola (apostoli, compresi Stefano e Paolo). Questa seconda opinione oggi appare minoritaria tra gli studiosi, la maggior parte[124] preferisce pensare a un unico gruppo di persone[125] che «dall'inizio furono testimoni e divennero ministri della Parola». Evidenziamo gli indizi a favore della prima e della seconda ipotesi di lettura.

a. Coloro che furono testimoni dall'inizio e divennero ministri della Parola: il gruppo apostolico.

A favore di quest'interpretazione esistono alcuni dati significativi: col termine «testimone» (*martys*) Luca nella sua opera solitamente identifica coloro che furono riempiti del dono dello Spirito per l'annuncio del kerygma (Lc 24,48-49; At 1,8.22; 2,32; 3,15; 4,33; 5,32 etc.). Nel caso del testimone da scegliere come sostituto di Giuda, uno dei criteri è che faccia parte del gruppo di coloro che «ci furono compagni per tutto il tempo in cui il Signore Gesù ha vissuto in mezzo a noi, incominciando (*arxamenos*) dal battesimo di Giovanni fino al giorno in cui è stato di tra noi assunto fino al cielo» (At 1,21-22). Da un punto di vista sintattico-grammaticale esistono altri indizi: l'unico articolo *oi* riferito ad *autoptai* e *uperetai*; il participio *ghenomenoi* indicante un processo di divenire (i testimoni diventano ministri della parola) posto tra il sostantivo *uperetai* e il lessema «della parola»; l'espressione

---

[124] Solo alcuni autori a mo' di esempio: L.T. JOHNSON, *The Gospel of Luke*, Ed. The Liturgical Press, Collegeville 1991, p. 28; J. FITZMYER, *The Gospel according to Luke I-IX*, Ed. Doubleday, New York 1981, p.294; R.J. DILLON, «Previewing Luke's Project from his Prologue», in *CBQ* 43 (1981) 214-217. IDEM, *From Eyewitnesses to Ministers of the Word*, Ed. Biblical Institute, Rome 1978, pp. 269-272.

[125] Completamente «fuori dal coro» la tesi di S. BARBAGLIA, «Il prologo di Luca e la "solidità" del racconto evangelico. La ri-scrittura della storia», in *CredOg* 31 (2/2011) 63-89: un unico gruppo, formato da coloro che «da principio furono testimoni e ministri della parola», redasse e trasmise un racconto autorevole (*dieghesis*, Lc 1,1) sui fatti riguardanti Gesù dalla Galilea a Gerusalemme. Luca utilizzò questo racconto come canovaccio per il suo vangelo, riscrivendolo e reintepretandolo, secondo un metodo di lavoro tipicamente scribale attestato anche dal prologo del Siracide. Secondo questa interpretazione i primi versetti del prologo andrebbero così tradotti: «dopo che molti di coloro che furono fin da principio testimoni e ministri della parola han posto mano a redigere un racconto "ufficiale" di quegli avvenimenti accaduti tra noi e ce l'hanno trasmesso, ho deciso anch'io di scriverne uno per te, illustre Teofilo...». Osserviamo che per fare quest'operazione ermeneutica l'autore è costretto a dimenticare di considerare un elemento importante del testo lucano: la congiunzione comparativa *kathos* «come, proprio come, nel modo in cui». Essa, proprio per la sua funzione comparativa, non permette di pensare che il gruppo dei testimoni oculari e ministri della parola abbia composto l'ipotetico documento autorevole su cui si sarebbe poi basato l'evangelista, perché costringe a distinguere chiaramente «i molti che hanno scritto» da «coloro che furono testimoni oculari e ministri della parola» e comparare quello che i primi hanno scritto con quello che hanno trasmesso i secondi. Senza cancellare la congiunzione, *kathos* il testo deve essere così inteso: «Poiché molti han messo mano a comporre un racconto ordinato degli avvenimenti accaduti tra noi, **così come** (**nel modo in cui**) ce li hanno trasmesso coloro che furono testimoni oculari e ministri della parola...». Pur ammettendo che il gruppo dei testimoni abbia potuto trasmettere in forma scritta i fatti accaduti tra noi, quest'ultima non può coincidere con il racconto ordinato composto dai "molti". Semmai si può pensare che essi hanno composto del materiale tradizionale sugli avvenimenti di Gesù e lo hanno trasmesso in un secondo momento. Esso è arrivato poi in mano ai molti che hanno composto il loro racconto ordinato e poi allo stesso Luca che ha deciso di scrivere (e non di riscrivere come pensa Barbaglia!) per confermare gli insegnamenti ricevuti da Teofilo.

ap'arches «dall'inizio» messa in parallelo col participio *ghenomenoi* per indicare il passaggio dall'iniziale ruolo di testimoni a quello successivo di servi della parola degli stessi soggetti. Sembra, dunque, che per l'autore la *condicio sine qua non* per potersi definire testimone sia l'appartenenza al gruppo apostolico fin dall'inizio del ministero di Gesù fino alla sua ascensione. Solo essi, infatti, potevano essere veri *autoptai*, avendo una conoscenza diretta e di prima mano dei *pragmata* di Gesù.

b. Coloro che furono testimoni fin dall'inizio e coloro che furono ministri della Parola.

Andando avanti negli Atti degli Apostoli, il nostro autore amplia la compagine dei testimoni: anche il diacono Stefano e l'apostolo Paolo sono chiamati *martyres*[126] di Cristo risorto (At 22,20.15; 26,16; anche 23,11).

Non è dunque vero che «nella concezione lucana, almeno per quanto riguarda i testimoni, questo gruppo si limita ai Dodici».[127] Se più tardi anche Stefano e Paolo ricevono la qualifica ufficiale di testimoni, allora vuol dire che l'evangelista guarda oltre la ristretta cerchia apostolica. Se così non fosse, non si spiegherebbe l'ampiezza e l'importanza che egli dà alla scelta, alla predicazione e martirio di Stefano in At 6-7 e alla vocazione e missione *ad gentes* di Paolo da At 9 in poi.

Nella scelta di Stefano e degli altri *diakonoi*, si richiese non che fossero discepoli di Gesù della prima ora, ma «di buona reputazione, pieni di Spirito e di sapienza». Il gruppo fu chiaramente distinto da quello apostolico che continuò a dedicarsi al servizio della Parola (*diakonia tou logou*). Se in 22,20 Luca attribuisce a Stefano la qualifica di «testimone», è segno che quest'ultima non dipende necessariamente dal servizio della Parola riservato solo agli apostoli. Lo stesso diacono nel suo discorso sulla storia della salvezza non richiama nessun momento della vita del Gesù storico, se non la sua uccisione da parte delle autorità religiose giudaiche. Egli, ripieno di Spirito Santo, è testimone non del ministero di Gesù, ma della sua gloria alla destra di Dio: «Fissando gli occhi al cielo, vide la gloria di Dio e Gesù che stava alla sua destra e disse: "Ecco io contemplo i cieli aperti e il Figlio dell'uomo che sta alla destra di Dio». Assistiamo, dunque, a una dilatazione dell'idea di «testimonianza»: l'esperienza testimoniata non è più quella passata, dal ministero di Giovanni in poi, ma quella presente del Cristo risorto e glorificato. Inoltre «i testimoni» non s'identificano più solo con «i ministri della Parola».

Quanto abbiamo detto di Stefano si può dire anche di Paolo? Nella sua lunga arringa di difesa dinanzi alla popolazione di Gerusalemme (At 22) egli ricorda il momento in cui fu investito dalla luce e dalla voce del Risorto e poi le parole del discepolo Anania a Damasco:

---

[126] Mentre il termine *autoptes* «testimone oculare» si trova solo in Lc 1,2, *martys* «testimone», suo sinonimo, è largamente usato specialmente in Atti.

[127] Cf. G. ROSSÉ, *Il Vangelo di Luca*, p. 35. Di opinione contraria S. GRASSO, *Luca*, Ed. Borla, Roma 1999, p. 53, e anche K. A. KUHN, «Beginning the Witness: The auvto,ptai kai. u`phre,tai of Luke's Infancy Narrative», in *NTS* 49 (2003) 254: «while in the first half of Acts the evangelist focuses on the activity of the apostles and grants them the designation of 'witnesses' (ma,rturej), it is also clear that Jesus' call to announce the good news is not confined to the apostolic circle but continually moves beyond it to include others in the ministry of witness. The believers in general (4,23-31; 8,4) and others such Stephen (6,8-8,1), Philip (8,5-13.26-40) and Paul (9,1-22; 14,4.14) also hear and answer this call.».

«Il Dio dei nostri padri ti ha predestinato a conoscere la sua volontà, a vedere il Giusto e ad ascoltare una parola dalla sua stessa bocca, perché gli sarai testimone davanti a tutti gli uomini delle cose che hai visto e udito» (At 22,14-15). Ciò che fonda e garantisce la validità e l'autenticità della sua testimonianza è quanto egli ha visto e udito nei giorni precedenti la rivelazione del Risorto: il Giusto e la parola udita dalla sua stessa bocca. Paolo, come Stefano, ha incontrato Cristo nella sua dimensione gloriosa di assiso alla destra di Dio. Questo l'ha reso apostolo e testimone, al pari di coloro che lo ebbero come maestro fin dall'inizio del suo ministero terreno.

Dunque per Luca la categoria dei testimoni oculari di Cristo non contiene solo i discepoli/apostoli dall'inizio, ma anche coloro che di lui ebbero esperienze visive e uditive dopo la sua risurrezione. Tra questi, alcuni, come Paolo, ebbero anche il compito di annunciare la Parola. Altri, come Stefano, svolsero un diverso ministero all'interno della prima Chiesa. Per Luca non sempre un testimone oculare diventa necessariamente ministro della Parola. Egli può rivestire semplicemente il primo ruolo e garantire la verità delle varie tradizioni che si andavano formando all'interno delle comunità cristiane.

Questo modo di pensare del nostro autore insinua alcune domande a proposito di «coloro che furono *testimoni* fin dall'inizio e divennero *ministri* della Parola»: se, nel caso di Stefano, le due categorie non coincidono e, nel caso di Paolo e di Stefano, gli inizi della loro testimonianza non si riferiscono al ministero di Gesù, siamo proprio costretti a credere che nel prologo si tratti, invece, di un unico gruppo, e più precisamente quello apostolico? Se Luca ha voluto allargare la qualifica di testimoni anche a coloro che vennero dopo il Gesù storico, perché non avrebbe potuto includervi anche coloro che furono presenti agli inizi del Gesù storico? Nel prologo non potrebbe egli alludere a due gruppi diversi: «coloro che furono testimoni dall'inizio / coloro che divennero ministri della Parola»? Nel caso del secondo gruppo, il participio *ghenomenoi* non indicherebbe il cambiamento sopravvenuto nel gruppo dei testimoni, ma il modo di essere proprio dei predicatori della Parola.[128]

Con la qualifica di testimoni l'autore potrebbe riferirsi nella sua opera a un ampio spettro di persone: tutti coloro che ebbero un'esperienza diretta e importante di Gesù e divennero tradenti autorevoli del suo evento, sia prima che dopo la risurrezione. Essi ebbero un compito rilevante nel processo di conservazione, rielaborazione e trasmissione della messe di dati su di lui. Non possiamo escludere che questa trasmissione abbia avuto in alcuni casi anche una forma scritta, poi utilizzata dai «molti che hanno scritto un racconto ordinato degli eventi accaduti tra noi» e giunta in un secondo momento anche a Luca.

Subito dopo la morte del capo carismatico, il movimento di Gesù si sforzò di conservare scrupolosamente le sue parole e il suo insegnamento (...); la conservazione, l'elaborazione e la trasmissione dei materiali della memoria rappresentarono un fattore forte per la costruzione dell'identità del gruppo dei seguaci di Gesù. Nella fase di trasmissione orale, l'autenticità di

[128] Ad es. S. BARBAGLIA, «Il prologo di Luca e la "solidità" del racconto evangelico. La ri-scrittura della storia», p. 66.70, traduce riferendo il participio a «coloro che fin da principio sono divenuti testimoni nella visione e ministri della parola».

questi materiali era garantita dalla credibilità di quanti li conservavano e li trasmettevano, vale a dire di persone che avevano conosciuto personalmente Gesù ed erano stati suoi discepoli.[129]

All'interno di questo nugolo di testimoni potremmo distinguere coloro che lo furono fin dai primi anni, che non esercitarono il ministero dell'annuncio, ma svolsero un importante servizio nel processo di formazione della *memoria Jesu.*

Da un punto di vista grammaticale, questa seconda opzione è giustificata dalla congiunzione coordinate *kai* che collega i testimoni e i ministri della parola. Un unico articolo può reggere due sostantivi diversi. La stessa costruzione sintattica sembra porre in parallelismo i due gruppi:

kathos paredosan emin

oi

ap'arches autoptai

kai

uperetai ghenomenoi tou logou.

Notiamo, infine, che alcune corrispondenze tra il cap. 24 e i capp. 1-2 di Luca[130] mostrano il ruolo testimoniale di taluni personaggi dell'infanzia di Gesù:

- In 24,1-10 Maria Maddalena, Giovanna e Maria Madre di Giacomo, recatesi al sepolcro di ***mattina presto*** (*orthrou batheos*), non trovando il corpo del ***Signore Gesù*** (*tou Kyriou Iesou*), **hanno una *visione di angeli* in abiti *sfolgoranti*** (*en estheti astraptouse*), ***impaurite*** (*emphobon...ghenomenon*) e col volto a terra, non sanno che pensare né che fare (*aporeisthai*), gli angeli ***annunciano*** che Gesù è risorto. Infine ***tornano*** (*upostrepsasai*) dal sepolcro e ***annunciano*** (*epeggheilan*) ***il fatto*** agli Undici e gli altri.

All'altro capo del Vangelo, in 2,8-20 i pastori vegliando ***di notte*** (*tes nuktos*) il gregge hanno ***la visione di un angelo*** che li avvolge di ***luce*** (*perielampsen*), essi ***sono presi da grande timore*** (*ephobethesan phobon megan*); l'angelo ***annuncia*** (*euagghelizomai*) una grande gioia: è nato un Salvatore, Cristo ***Signore*** (*Christos Kurios*). Dopo l'ulteriore apparizione di ***angeli dell'esercito celeste***, essi vanno senz'indugio[131] a Betlemme e ***riferiscono ciò*** (*egnorisan peri tou rematos*)***che era stato detto loro***; infine ***fanno ritorno a casa*** (*upestrepsan*) glorificando e lodando Dio per quello che avevano visto e udito, com'era stato detto loro.

---

[129] C. GIANOTTO, *I vangeli apocrifi*, ed. Il Mulino, Bologna 2009, p. 41.

[130] Si veda anche K.A. KUHN, «Beginning the Witness: The auvto,ptai kai. u`phre,tai of Luke's Infancy Narrative», pp. 240-250.

[131] Si noti che anche i due discepoli di Emmaus dopo aver riconosciuto nel viandante che cena con loro Gesù risorto, **senz'indugio** (*anastantes aute te ora*) fanno ritorno a Geruslemme, per annunciare agli Undici quanto accaduto loro. Sia i pastori che i due discepoli manifestano la stessa urgenza dell'annuncio-testimonianza di quanto hanno visto.

A parte il lessico uguale in alcuni casi, è evidente il parallelismo tra le due scene:[132] dei personaggi ricevono una visione di angeli luminosi, sono presi da grande timore, ricevono un annuncio riguardo al Signore Gesù Cristo, vanno a riferirlo ad altri. I protagonisti svolgono un ruolo testimoniale: annunciano ad altri quanto hanno visto e udito. Il contenuto di quest'annuncio è fortemente cristologico: «Oggi vi è nato un Salvatore, che è Cristo Signore/ Egli è risorto non è qui» (Lc 2,11; 24,6).

- Altre corrispondenze, più sparse, si possono cogliere tra le scene che hanno Maria come testimone e i personaggi di Luca 24.

Un primo parallelismo lo abbiamo già descritto precedentemente: in 2,41-51 Luca anticipa in Maria e Giuseppe, che cercano e ritrovano Gesù al Tempio, i sentimenti, la ricerca, lo sbigottimento, la gioia della comunità apostolica che al cap. 24 si chiede smarrita il senso della morte del maestro, è incredula di fronte al sepolcro vuoto e all'annuncio che egli è vivo, gioisce per l'apparizione del Risorto, è invitata a capire il suo destino di morte e risurrezione all'interno del piano salvifico di Dio predetto dalle Scritture. Anche se l'evangelista non descrive la madre di Gesù nell'atto di testimoniare qualcosa, il descriverla come colei che «custodisce tutte queste cose nel suo cuore» la mostra al lettore come possibile futura testimone nella comunità apostolica di quel momento così carico di misteriosi fatti e parole.

Non è escluso, infine, che l'evangelista abbia voluto rappresentare Maria come il prototipo della comunità pasquale che incontra il Risorto, poiché in lei descrive tutte quelle caratteristiche proprie dei discepoli-testimoni del cap. 24:

– come le donne riceve l'annuncio angelico riguardante Gesù, Figlio dell'Altissimo (1,26-38/ 24,1-7);

– è riempita dallo Spirito Santo (1,35: *dynamis ypsistou episkiasei soi*) come gli apostoli saranno rivestiti di potenza dall'alto (24,49: *endysesthe ex ypsous dunamin*);

– le viene rivelato per la prima volta il nome (1,31-32) nel quale saranno predicati a tutti i popoli la conversione e il perdono dei peccati (24,47) e il destino di gloria (1,32-33) di colui che risorgerà dai morti il terzo giorno (24,46);

– come ai discepoli di Emmaus è annunciato da Gesù il senso della sua passione e morte di (24,26), anche a lei è annunciato da Simeone che una spada le trafiggerà l'anima (2,35);

– quest'ultimo le rivela che Cristo è la salvezza di tutti i popoli e la luce delle genti (2,31-32: *to* ***soterion...panton*** *ton laon, phos...****ethnon***), il Risorto stesso svela ai discepoli il programma della predicazione per tutti i popoli (24, 47: *keruchthenai metanoian kai* ***aphesin amartion*** *eis* ***panta ta etne***).

---

[132] Sull'uso del parallelismo nell'opera di Luca si vedano: R. TANNEHILL, *The Narrative unity of Luke-Acts: A Literary Interpretation*, I.II, Ed. Fortress, Philadelphia 1986, pp. 1.3; C. THALBERT, *Literary Patterns, Theological Themes, and the Genre of Luke-Acts, Ed. Society of Biblica Literature and Scholars*, Atlanta 1974; L.T. JOHNSON, *Acts of the Apostles*, Ed. Liturgical Press, Collegeville 1992, p. 10.

Si ha l'impressione che Luca abbia voluto riunire nel personaggio di Maria le caratteristiche del discepolo-testimone, proprie dei ministri post-pasquali della Parola. Esiste un mutuo richiamo tra i personaggi protagonisti del cap. 24 e quelli dei capp. 1-2, *in primis* la madre di Gesù. Anzi questi ultimi sembrano rappresentare come delle figure paradigmatiche dei primi. Kuhn ritiene che quanto annunciato in Luca 1-2 trovi compimento nel capitolo finale del Vangelo, in cui trovano soluzione tutte le azioni e le tensioni che animano il terzo Vangelo:

In Luke 24 the evangelist gathers up central motifs of the preceding narrative (the divine and scriptural necessity of Jesus' suffering, death and resurrection, journeying and misunderstanding) and combines them with the vision of salvation announced in Luke 1-2. I argue that the effect of Luke's narrative artistry is to show that the action und unresolved tensions of the gospel find their culmination and resolution in Jesus' resurrection. Wich is thus portrayed as the key, pivotal moment in the realization of the salvation proclaimed by the witnesses in the infancy narrative.[133]

Infine, facciamo alcune considerazioni conclusive a proposito della possibilità di riferire il termine *autoptai* di Lc 1,2 anche ai testimoni dei racconti dell'infanzia:

- se l'autore ha posto i capp. 1-2 immediatamente dopo il prologo, non risulta illogico dire che solo il contenuto di questi ultimi deve essere escluso dal novero delle testimonianze dei testimoni oculari?

- se lo stesso autore afferma di aver voluto fare ricerche accurate su ogni circostanza, fin dagli inizi, per farne un resoconto ordinato, perché proprio le tradizioni sull'infanzia, basate presumibilmente sulla testimonianza dei testimoni oculari, non dovrebbero far parte dell'oggetto della sua ricerca?

- sarebbe, inoltre, la sua opera una garanzia sulla sicurezza degli insegnamenti ricevuti dal lettore, se proprio i racconti sulla nascita e infanzia di Gesù non fossero garantiti da autorevoli testimoni oculari?

- avrebbe egli descritto, per ben due volte, la madre di Gesù custodire nella memoria quanto accadeva al figlio, se non l'avesse considerata un testimone attendibile di momenti importanti della vita di Gesù?

È chiaro, inoltre, che nel pensiero teologico di Luca non solo il ministero di Gesù e la sua passione-morte-risurrezione, ma anche i momenti della sua infanzia sono parte integrante del piano di salvezza di Dio: la redenzione d'Israele e delle genti, l'accoglienza gioiosa di essa da parte dei poveri e dei giusti d'Israele, è già descritta nei primi personaggi protagonisti dei primi racconti. A loro, e a Maria, possiamo pensare come testimoni importanti per il formarsi della tradizione a proposito delle origini di Gesù. Tradizione rielaborata nel tempo dalla

[133] K.A. Kuhn, «Beginning the Witness: The auvto,ptai kai. u`phre,tai of Luke's Infancy Narrative», p. 249 n. 32.

comunità cristiana post-pasquale e arrivata, dopo decenni, fino a Luca che l'ha ricompresa all'interno del piano letterario e teologico della sua opera.

La madre di Gesù è per lui immagine sintetica della comunità cristiana che conserva la memoria di Gesù e la ricomprende grazie alle provocazioni che le vengono dalla sua vita interna e dal confronto con le altre comunità, *in primis* il giudaismo. Il discepolo della chiesa può così imparare che Gesù è più grande del Battista, che è venuto a compiere l'avvento atteso del Regno di IHWH, che ha una familiarità particolare e unica con Dio «suo Padre», delle cui cose deve occuparsi per compiere la sua volontà.

Paragonata con gli altri personaggi, la figura di Maria è indiscutibilmente messa in primo piano: si pensi ad esempio al confronto con Zaccaria negli annunci, all'incontro con Elisabetta o con il vecchio Simeone al Tempio. Lo stesso Giuseppe, che nel Vangelo delle origini di Matteo 1-2 appare come personaggio centrale,[134] in Luca è accanto a Maria, ma in secondo piano: solo nell'introduzione al racconto della nascita del Messia egli è protagonista, in quanto «della casa e della famiglia di Davide» (Lc 2,4). Ma già dal versetto successivo è lei a tornare in primo piano nella narrazione. Infine, mentre Giuseppe rimane avvolto dalla nebbia misteriosa delle parole di Gesù dodicenne al Tempio, Maria non smarrisce nulla di quanto accaduto, nel tentativo di comprenderne il senso.

Questo modo di chiudere la narrazione delle origini colpisce non poco il lettore, se si tiene conto che, all'inizio della stessa, l'autore aveva descritto Maria che, reagendo al saluto iniziale di Gabriele, «si domandava che senso avesse (*dieloghizeto potapos*) un saluto come questo» (1,29). Con una chiara inclusione, Luca descrive il personaggio chiave dei racconti dell'infanzia sempre nell'atteggiamento di chi ascolta e reagisce non passivamente. I due verbi *dia-loghizomai* e *dia-tereo*, preceduti dalla preposizione *dia*, sottolineano l'impegno a custodire per ragionare, discutere, discernere tra diversi significati possibili di quanto si ascolta. Se si tiene conto che anche in 2,19 Maria, alla visita dei pastori, «custodiva tutte queste cose, interpretandole nel suo cuore», appare chiaro che all'inizio, nel corso e alla fine dei racconti delle origini, Luca ha voluto redazionalmente sottolineare la predisposizione e la volontà della madre a chiedersi e ricercare il senso delle cose che udiva o vedeva accadere.

Il che rappresenta un chiaro segnale narrativo per il lettore: Maria è un personaggio chiave nella dinamica del racconto, testimone oculare e autorevole per il formarsi della memoria e delle tradizioni che l'autore ha voluto ricercare con acribia, risalendo fino agli inizi, in modo da offrire al suo lettore un racconto ordinato e in grado di rassicurarlo sulla verità degli insegnamenti ricevuti (1,3-4).

In conclusione: secondo la Scrittura, il cercare e custodire nel cuore è un atto proprio dell'orante israelita: «Con tutto il mio cuore ti cerco: non lasciarmi deviare dai tuoi comandi. Custodisco nel cuore la tua parola per non peccare contro di te» (Sl 119,11). Secondo Luca, nella madre di Gesù che ascolta, trattiene nella memoria, accoglie parole ed eventi di

[134] È lui, uomo giusto, che riceve l'annuncio dell'angelo sulle origini divine del concepimento di Maria, che imporrà il nome al figlio, che decide di sposare la sua promessa sposa, che riceve un secondo annuncio dell'angelo e va in Egitto con la sua famiglia per poi tornare in patria alla morte di Erode. Maria è accanto a Giuseppe o al bambino, certamente non in primo piano nella narrazione

salvezza, è rappresentato l'intero Israele disposto ad ascoltare la voce di Dio, obbedire alla sua volontà salvifica, e ad accogliere il suo Messia e Figlio, venuto a portare il suo Regno.

Parte II

LA MADRE DELLA CHIESA

Giuseppe Alcamo

Introduzione

Nel Nuovo Testamento, la Beata Vergine Maria è indicata presente nei tre momenti costitutivi del mistero cristiano: l'incarnazione, la pasqua e la pentecoste. Gli autori del Nuovo Testamento, per descrivere lo stretto legame che vige tra l'opera del Figlio e la vita della Madre, mettono in atto uno stile sobrio ed essenziale, che non dà spazio a nessuna forma di superficiale devozione. [1] Sullo sfondo dell'intera rivelazione, pur nella molteplice varietà di stili letterari, emerge il ruolo decisivo della figura di Maria, a servizio del Figlio e della comunità dei discepoli.[2]

Per la Chiesa, le Scritture sono, direttamente o indirettamente, centrate su Cristo, perché compimento delle stesse Scritture; alla luce della morte e resurrezione di Cristo, gli autori del Nuovo Testamento, rileggono l'Antico e ne scoprono un senso spirituale, ne affermano il valore profetico.[3] Il discorso su Maria deve essere, quindi, sempre collegato e ordinato all'annuncio di Cristo morto e risorto; la prospettiva storica e quella teologica si intersecano, per esprimere la fede della Chiesa nascente.[4]

La storia ci permette di constatare che il culto alla Vergine diviene elemento di divisione tra i cristiani quando essa viene isolata da Cristo, dalla comunione dei santi e dalla totalità della vita della Chiesa: «*La divisione tra cristiani ha raggiunto una delle sue più dolorose e insensate espressioni allorché ha ridotto la figura di Maria a oggetto di contesa e di polemica tra le più accese. In secoli di contrapposizione, la Madre del Signore, figura discreta e silenziosa, si è vista trasformata in ragione di discordia e di conflitto, non solo tra cattolici e riformati, come solitamente si crede, ma anche oltre. La parola più vera pronunciata da Maria è il Figlio stesso, da lei offerto all'umanità attraverso la propria carne. Ogni altro commento e lode rischia solo di svilire la forza evangelica di questo luogo della grazia. La discrezione di cui il NT avvolge Maria ricorda tale esigenza, mentre secoli di riflessione le hanno spesso attribuito parole e funzioni altre, finendo per offuscare quell'unica Parola da lei generata nel Figlio. Maria, che dovrebbe essere figura di unità, di*

---

[1] Cf. A. VALENTINI, *Maria secondo le Scritture. Figlia di Sion e Madre del Signore*, Dehoniane, Bologna 2007. L'autore fa notare che non bisogna fermarsi ad analizzare la quantità delle citazioni, ma la qualità e la finalità storico-salvifica.

[2] Cf. L. MANTOVANI – G. PASQUALE, *Maria, ragione credente del cristianesimo. Mariologia fondamentale*, Cittadella, Assisi 2018, pp. 19-82.

[3] Cf. PONTIFICIA COMMISSIONE BIBLICA, *L'interpretazione della Bibbia nella Chiesa*, Editrice Vaticana, Città del Vaticano 1993; R. FABRIS, *Interpretare e Vivere oggi la Bibbia. Ripercorrendo i punti salienti dell'Interpretazione della Bibbia nella Chiesa*, paoline, Milano 1997[3].

[4] Cf. G. COLZANI, *Maria. Mistero di grazia e di fede*, San Paolo, Milano 2013[5], pp. 31-73.

comunione per Israele e per la Chiesa, la madre di ogni discepolo amato da Gesù, è stata e resta causa di discordia e pietra d'inciampo.»[5]

Alla luce del dato biblico, Maria appare come il segno di una Chiesa indivisa e, quindi, possiamo dire che è il richiamo più forte per un cammino di unità. Inoltre, leggendo i testi liturgici e magisteriali, a partire dal dato conciliare, si constata che non è possibile separare il duplice mistero della Vergine e della Chiesa; la Chiesa non è in nessun modo completa senza Maria e Maria non può essere compresa senza la Chiesa. Questa connessione non è da far derivare dalle scelte successive della Chiesa, ma dalla libera e gratuita volontà di Dio.

Paolo VI, nella conclusione della Esortazione Apostolica "*Marialis Cultus*", così scrive: «*Venerabili Fratelli, al termine di questa Nostra Esortazione Apostolica desideriamo sottolineare in sintesi il valore teologico del culto alla Vergine e ricordare brevemente la sua efficacia pastorale per il rinnovamento del costume cristiano. La pietà della Chiesa verso la Vergine Maria è elemento intrinseco del culto cristiano. ... Tale culto alla Vergine ha radici profonde nella parola rivelata e insieme solidi fondamenti dogmatici... Aggiungiamo che il culto alla Beata Vergine ha la sua ragione ultima nell'insondabile e libera volontà di Dio, il quale, essendo eterna e divina carità (cfr 1 Gv 4,7-8. 16), tutto compie secondo un disegno di amore: egli l'amò ed in lei operò grandi cose (cfr Lc 1,49); l'amò per se stesso e l'amò anche per noi; la donò a se stesso e la donò anche a noi*».[6]

Prima del Concilio, per diversi motivi, dentro la Chiesa cattolica si viveva una forma di "*ipertrofia mariologica*". La tendenza ad enfatizzare il ruolo di Maria si contrapponeva ad una idea di Dio giudice e terribile che puniva e castigava gli uomini per i loro peccati. «*Di fronte a questo Dio minaccioso si trovava rifugio e consolazione nell'amore materno di Maria. La si credeva capace di trattenere la mano punitiva del Figlio e di salvarci dal terribile giudizio divino. Si guardava a Lei come alla mediatrice materna e riconciliante, assolutamente necessaria agli uomini...*».[7]

Una spiritualità, quindi, che tendeva a deformare il volto di Dio e quello di Maria, che si fondava su una relazione condizionata dalla paura e sulla logica della raccomandazione; per rabbonire Dio e non essere schiacciati dalla sua ira, bisognava raccomandarsi a Maria. Questa visione di Dio e di Maria, che incideva negativamente sulla vita cristiana, ha condizionato molto la predicazione liturgica, gli esercizi spirituali, le missioni popolari, le pratiche di pietà in genere.

Prima del Concilio, nella Chiesa, per mettere in risalto il ruolo di Maria, si mirava a mettere in evidenza i privilegi della Madre di Dio, che sono riassunti nei suoi grandi titoli: vergine, madre, immacolata, assunta, mediatrice, corredentrice... La pietà popolare trovava

---

[5] S. CHIALÀ, *Maria, la madre del Signore. Un approccio ecumenico,* in «Apulia Theologica» III (2017)2, pp. 417-434; qui p. 417.

[6] PAOLO VI, Esortazione apostolica *"Marialis cultus"* del 2 febbraio 1974, n. 56, in EV 5(1974-1976), pp. 88-89.

[7] G. GRESHAKE, *Maria- Ecclesia. Prospettive di una teologia e una prassi ecclesiale fondata in senso mariano,* Queriniana, Brescia 2017, p. 7. L'autore, in questo poderoso volume, ricco di indicazioni bibliografiche, ricostruisce la panoramica teologica ed indica alcune "*prospettive di una teologia fondata in senso mariano*". (p. 18).

nelle apparizioni o in fenomeni straordinari - Lourdes, Fatima, Siracusa – una grande conferma e un grande impulso, che ha fatto sviluppare la cultura del pellegrinaggio ai santuari mariani. L'anno liturgico era caratterizzato dalla nascita di tante feste mariane e la vita della Chiesa era arricchita dalla presenza di molte congregazioni religiose con una spiritualità mariana. La pietà popolare, che concretizza ed esprimeva il sensus fidei del popolo di Dio, ha dato origine ad una sovrabbondanza di espressioni di immagini e di feste mariane, spesso fondate, in modo preminente, sulla emotività.[8]

La riflessione teologica, che ha come vocazione quella di mettersi a servizio della fede vissuta dal popolo di Dio, per chiarirne le idee e nel caso attuare qualche forma di purificazione, ha fatto fatica a districarsi dentro tanta ricchezza.[9] Ma già nel 1963, prima dell'inizio del dibattito su Maria al Vaticano II, R. Laurentin, ha reputato necessario pubblicare un testo, dal titolo "La question mariale",[10] che ha suscitato diverse reazioni perché metteva in discussione la devozione mariana degli ultimi decenni e affermava la necessità, per la Chiesa, di attuare una forma di ripulitura, non per diminuire la devozione mariana, ma per darle basi più solide e linee di forza centrate sull'essenziale.[11]

In continuità con questa esigenza di stile sobrio ed essenziale, i padri conciliari scrivono: «*I fedeli ... si ricordino che la vera devozione non consiste né in uno sterile e passeggero sentimentalismo, né in una certa qual vana credulità, bensì procede dalla fede vera, dalla quale siamo portati a riconoscere la preminenza della madre di Dio, e siamo spinti al filiale amore verso la Madre nostra e all'imitazione delle sue virtù*». (LG 67)

Per questo motivo, la travagliata scelta del Concilio Ecumenico Vaticano II di collocare la riflessione su Maria dentro il trattato sulla Chiesa ha una grande rilevanza non solo per la riflessione teologica, ma anche per il cammino ecumenico e per la purificazione della devozione mariana.[12]

A mano a mano che progrediva il dialogo e il dibattito tra i padri conciliari, rileggere il ruolo di Maria dentro la storia della salvezza diventava sempre più un compito urgente e necessario, perché si trattava di rivisitare i contenuti della fede, lo stile ecclesiale, le priorità nella predicazione popolare, le relazioni con le Chiese cristiane. Maria risultava essere il "crocevia" della totalità della vita e della missione della Chiesa. I padri conciliari, alla fine hanno avuto chiaro che in gioco vi era, innanzitutto, il riappropriarsi della vera immagine di Dio misericordioso, del ruolo unico di Cristo mediatore, dell'azione dello Spirito santificatore.

---

8 Cf. G. COLZANI, *Maria. Mistero di grazia e di fede,* o.c., pp. 7-14.

9 Cf. J. RATZINGER, *Considerazioni sulla posizione della mariologia e della devozione mariana nel complesso della fede e della teologia,* in J. RATZINGER – H. U. VON BALTHASAR, *Maria, Chiesa nascente,* Paoline, Roma 1981, pp. 15-38.

10 Cf. R. LAURENTIN, *La question marial,* Seuil, Paris 1963.

11 Cf. G. PHILIPS, *La Chiesa e il suo mistero nel Concilio Vaticano II,* Jaca Book, Milano 1970, p. 186.

12 Cf. E. MALNATI, *La Beata Vergine Maria dal Concilio Vaticano II,*Cantagalli, Siena 2015, pp. 153-175. In quest'ultimo capitolo l'autore presenta Maria così come è vista dalle Chiese cristiane: Ortodossa, Riformata e Anglicana.

Questo lavoro di rivisitazione risulta ancora più difficile e complesso perché alla Chiesa è impossibile fare una riflessione teologica senza che essa parta dall'amore, attraversi tutta la via dello stesso amore e raggiunga il vertice dell'amore. La riflessione teologica e la vita pastorale hanno il loro fondamento nell'esperienza viva e duratura di amore ricevuto e dato.

Lo si sa perché la vita lo insegna, quando si è amati e si ama non si riesce ad essere pienamente distaccati ed obiettivi, ci si lascia coinvolgere al punto tale da perdere il pieno controllo della propria oggettività; la logica della ragione viene provocata e stimolata della logica, poco logica, dell'amore, che se da una parte apre nuovi spazi di comprensione, dall'altra tende ad andare oltre la stessa ragione umana.

La Chiesa, quando parla di Maria, parla della madre del suo Signore e della propria madre e chiunque di fronte alla propria madre tende ad esaltarla al punto tale da non accorgersi di esagerare. Questa esagerazione di amore, qualifica e specifica tutta la riflessione teologica e pastorale che la Chiesa nei secoli ha elaborato su Maria, e, sostenta la mia vita di fede che sin dalla nascita sono stato educato a contemplarla e ad invocarla con il titolo di "Madonna del Paradiso".

1. Maria nel magistero del Concilio Ecumenico Vaticano II

Due preoccupazioni orientano il dialogo e il magistero dei padri conciliari: purificare la figura e il ruolo di Maria da ogni "*falsa esagerazione, come pure da una eccessiva grettezza di spirito*";[13] e, in continuità con il pensiero biblico e patristico, nel riformulare la fede cattolica tenere presente "*che esiste un ordine o gerarchia nelle verità della dottrina cattolica, in ragione del loro rapporto differente con il fondamento della fede cristiana.*[14] Eliminare, quindi, tutto ciò che è stratificazione storica che appesantisce e sfigura l'identità di Maria dentro la vita della Chiesa, e puntare su ciò che è essenziale e centrale rispetto al kerigma.

Il Concilio Vaticano II attua una svolta decisiva nella considerazione dottrinale, spirituale e pastorale che la Chiesa deve avere su Maria. Innanzitutto, fa la scelta di non produrre un documento separato su Maria, evidenziando in tal modo che la futura Mariologia non avrebbe potuto essere separata da altri importanti aspetti teologici; in secondo luogo, colloca Maria dentro la Costituzione Dogmatica sulla Chiesa, per ribadire in modo plastico che Maria non è né fuori né al di sopra della Chiesa.[15]

In proposito afferma Gisbert Greshake: «*Dietro questa decisione c'è qualcosa di più di una semplice questione sulla collocazione formale del tema mariano. In definitiva si trattava di decidere se Maria sta "sopra" la Chiesa o "nella" Chiesa, se lei è una grandezza*

---

[13] LG 67.

[14] UR 11.

[15] Per una visione articolata e completa rimando ai manuali di S. M. Perrella cf. S. M. PERRELLA, *La madre di Gesù nella coscienza ecclesiale contemporanea. Saggi di teologia*, Città del Vaticano, PAMI 2005; IDEM, *Ecco tua Madre (Gv 19,17). La madre di Gesù nel magistero di Giovanni Paolo II e nell'oggi della Chiesa e del mondo*, San Paolo, Milano 2007; IDEM, *La madre di Gesù nella teologia. Percorsi mariologici dal Vaticano II a oggi,* Aracne, Ariccia (RM) 2015.

autonoma, senza legami con gli altri fedeli, o invece "sorella nella fede" che compie con loro il "pellegrinaggio nella fede".»[16]

I Padri conciliari concretizzano un approccio alla teologia mariana a partire dalle Scritture, fondando il tutto sui Padri e sui dogmi, mettendo in atto una forma di purificazione e dando solidità e spessore a tutta la devozione. Maria viene collocata dentro una prospettiva ecclesiologica a servizio dell'economia della salvezza.[17] Come afferma Ugo Rahner, il Concilio ci ha educato a contemplare "*Maria nella Chiesa e la Chiesa in Maria*".[18]

Nel n. 65 della Lumen Gentium, che prepara il punto sul culto di Maria, si afferma: «*Mentre la Chiesa ha già raggiunto nella beatissima Vergine quella perfezione che la rende senza macchia e senza ruga, i fedeli del Cristo si sforzano ancora di crescere nella santità per la vittoria sul peccato...*» Come a dire che solo in Maria la Chiesa è già quello che deve essere, tutti gli altri sono nel non ancora della ricerca. Maria viene individuata come lo "specchio" su cui la Chiesa può specchiarsi per contemplare tutta la bellezza che Dio vuole realizzare in e attraverso essa. Qui si afferma che, solo in Maria, Gesù ha finalmente toccato il vertice delle sue possibilità di redentore vittorioso.[19]

1.1. I testi minori

Prima di prendere in esame il capitolo VIII della Lumen Gentium, è bene dare uno sguardo al corpo dei documenti conciliari, dove si trovano altri riferimenti a Maria, che possono essere definiti "testi minori", ma che hanno un loro valore per la rinnovata comprensione del culto e della devozione mariana.

Nella Sacrosanctum Concilium, al capitolo V quando si parla del senso dell'anno liturgico è scritto: «*Nella celebrazione di questo ciclo annuale dei misteri di Cristo, la santa Chiesa venera con particolare amore la beata Maria, madre di Dio, congiunta indissolubilmente con l'opera della salvezza del Figlio suo: in Maria ammira ed esalta il frutto più eccelso della redenzione, ed in lei contempla con gioia, come in una immagine purissima, ciò che essa desidera e spera di essere nella sua interezza*». (n.103) In questo primo testo conciliare, Maria viene presentata come la prima dei redenti, figura-modello a cui guardare. I Padri conciliari, in questa costituzione, pongono Maria in mezzo a noi, come una di noi e nello stesso tempo legata inscindibilmente all'opera redentrice di Cristo. L'intera riflessione del Concilio ribadirà costantemente questa doppia dimensione della identità di Maria.

Nel decreto Perfectae Caritatis, sul rinnovamento della vita religiosa, nella conclusione è scritto: «*Tutti i religiosi perciò, animati da fede integra, da carità verso Dio e il prossimo, dall'amore alla croce e dalla speranza nella futura gloria, diffondano in tutto il mondo la*

---

[16] G. GRESHAKE, *Maria- Ecclesia. Prospettive di una teologia e una prassi ecclesiale fondata in senso mariano,*o.c., p. 12.

[17] Cf. G. ZIVIANI, *La Chiesa madre nel Concilio Vaticano II*, Gregoriana, Roma 2001; G. MOIOLI, *Il mistero di Maria*, Glossa, Milano 2005².

[18] Cf. H. RAHNER, *Maria e la Chiesa. Indicazioni per contemplare il mistero di Maria nella Chiesa e il mistero della Chiesa in Maria,* Jaca Book, Milano 1974.

[19] Cf. L. SARTORI, *La Lumen Gentium.Traccia di studio,* Messaggero, Padova 1994, pp. 111-118.

buona novella di Cristo, in modo che la loro testimonianza sia visibile a tutti e sia glorificato il Padre nostro che è nei cieli (cfr. Mt 5,16). Così, per l'intercessione della dolcissima vergine Maria madre di Dio, "la cui vita è modello per tutti" essi progrediranno ogni giorno più ed apporteranno frutti di salvezza sempre più abbondanti». (n.25) L'identità della vita religiosa ha in Maria un modello che unifica i diversi carismi e ministeri e che traccia il percorso da seguire per dare visibilità alla propria missione.

Nel decreto Apostolicam Actuositatem, nel primo capitolo dove viene delineata la vocazione dei laici, è scritto: «*Modello perfetto di tale vita spirituale e apostolica è la beata Vergine Maria, regina degli apostoli, la quale, mentre viveva sulla terra una vita comune a tutti, piena di sollecitudini familiari e di lavoro, era sempre intimamente unita al Figlio suo, e cooperava in modo del tutto singolare all'opera del Salvatore; ora poi assunta in cielo, con la sua materna carità si prende cura dei fratelli del Figlio suo ancora peregrinanti e posti in mezzo ai pericoli e affanni fino a che non siano condotti nella patria beata. La onorino tutti devotissimamente e affidino alla sua materna cura la propria vita e il proprio apostolato*». (n.4) In Maria, il quotidiano vivere diventa il luogo teologico della piena fedeltà e viene offerto a tutti i battezzati come paradigma di riferimento per la propria vita. Dopo la pentecoste e l'assunzione, il ruolo della Beata Vergine Maria cambia decisamente e assume i connotati della cura materna verso i "*fratelli del Figlio suo*". La maternità spirituale si estende sia alla vita personale dei cristiani sia alla vita apostolica della Chiesa.

Nel decreto Presbiterorum Ordinis, nel terzo capitolo sulla vita dei presbiteri, è scritto: «*Un esempio meraviglioso di tale prontezza lo possono trovare sempre nella Madonna, che sotto la guida dello Spirito Santo si consacrò pienamente al mistero della redenzione dell'umanità. Essa è la madre del sommo ed eterno Sacerdote, la regina degli apostoli, il sostegno del loro ministero: essi devono quindi venerarla e amarla con devozione e culto filiale*». (n.18)

Nel decreto sulla formazione dei presbiteri, Optatam Totius, in riferimento alla formazione spirituale non disgiunta dalla formazione pastorale e teologica, si fa un breve cenno alla Madre del Signore: «*Con fiducia filiale amino e venerino la beatissima vergine Maria, che fu data come madre da Gesù Cristo morente in croce al suo discepolo.*» (n. 8)

Altri documenti guardano a Maria nel contesto delle divisioni e del confronto fra le diverse chiese cristiane; si tratta, in particolare, di due documenti pubblicati alla fine della seconda sessione del Concilio: il Decreto sulle Chiese Orientali Cattoliche, Orientalium Ecclesiarum, e il Decreto sull'ecumenismo, Unitatis Redintegratio.

Nel primo, Orientalium Ecclesiarum, nella conclusione al n. 30, si afferma l'esigenza che i cristiani "*divengano una sola cosa*" e ci si affida per questo proprio alla costante e quotidiana intercessione della Vergine: «*Nel frattempo però tutti i cristiani, Orientali e Occidentali, sono ardentemente invitati a innalzare ferventi e assidue, anzi quotidiane preghiere a Dio, affinché, con l'aiuto della Santissima Madre di Dio, tutti diventino una cosa sola*».

Nel decreto sull'ecumenismo, Unitatis Redintegratio, si fanno diversi brevi riferimenti impliciti ed espliciti a Maria, sia per affermare l'unità della fede, sia per affermare le divergenze che nei secoli hanno diviso l'Oriente e l'Occidente. Al n. 14, vengono ricordati i "*tesori*" custoditi dalla tradizione delle Chiese orientali in merito alla liturgia, alla tradizione spirituale e all'ordine giuridico, a cui attinge la Chiesa occidentale; fra questi si puntualizza che alcuni dogmi fondamentali della fede cristiana, e si citano la Trinità e il "*Verbo di Dio incarnato da Maria*", sono stati definiti proprio in Concili ecumenici celebrati in Oriente. Si fa menzione, inoltre, al numero 15 dello straordinario patrimonio liturgico orientale, richiamando in particolare gli "*splendidi inni*" con cui Maria venne proclamata dal Concilio Ecumenico di Efeso "*Santissima Madre di Dio*". Accanto a questa fondamentale unità di intenti e comune origine delle dottrine, al n. 20 dello stesso decreto, non si negano le divergenze, "*non lievi discordanze*", che riguardano proprio l'incarnazione e la redenzione e dunque anche la "*funzione di Maria nell'opera della salvezza*".

Nella dichiarazione Nostra Aetate, in riferimento alle religioni musulmane, viene richiamato l'"*onore*" riconosciuto alla madre del "profeta" Gesù e anche la devozione con cui talvolta anche in questa esperienza religiosa lei viene invocata: «*Benché essi non riconoscano Gesù come Dio, lo venerano tuttavia come profeta; onorano la sua madre vergine, Maria, e talvolta pure la invocano con devozione.*» (n.3)

Nel decreto sulla attività missionaria della Chiesa, Ad Gentes, dopo aver ricordato l'azione dello Spirito nell'evento della Pentecoste, i padri conciliari invitano alla preghiera costante perché mediante l'intercessione della Vergine Maria, Regina degli Apostoli, tutte le genti siano condotte alla conoscenza della Verità: «*Consapevoli che è Dio a far sì che venga il suo regno sulla terra, insieme con tutti i fedeli essi pregano perché, mediante l'intercessione della vergine Maria, degli apostoli, le nazioni siano quanto prima condotte alla conoscenza della verità e la gloria di Dio, che rifulge sul volto di Cristo Gesù, cominci a brillare in tutti gli uomini per l'azione dello Spirito Santo.*» (n. 42)

Da tutti questi testi si può evincere che Maria viene collocata dentro la vita della Chiesa ed in relazione con tutte le vocazioni e missioni, e in tutti i contesti ecclesiali. La Sacrosanctum Concilium che è la prima costituzione approvata (4 dicembre 1963), anticipa, in modo sintetico, quanto poi sarà sviluppato nella Lumen Gentium.

1.2. Il capitolo VIII della Lumen Gentium

La Commissione Teologica Internazionale, nel XX anniversario della conclusione del Concilio Ecumenico Vaticano II, afferma che il capitolo VIII della Lumen Gentium dà un apporto decisivo per la comprensione del mistero della Chiesa, perché «*la Chiesa e il Regno trovano la loro più elevata realizzazione in Maria. Che la Chiesa sia la presenza "in misterio" del Regno, risulta evidente in maniera definitiva partendo da Maria, dimora dello Spirito Santo, modello della fede, "Realsymbol" della Chiesa.*»[20]

Assumendo uno stile narrativo,[21] la Lumen Gentium ha ancorato la mariologia alla parola di Dio, facendo «*contemplare la bellezza della sua umanità, la peculiarità della sua esistenza di donna e di donna ebrea, la ricchezza esemplare della sua esperienza di fede, contribuendo non poco a far percepire il significato della sua vita per noi, nell'insieme del*

---

[20] COMMISSIONE TEOLOGICA INTERNAZIONALE, *Temi scelti di ecclesiologia*, del 7 ottobre 1985, in EV 9(1983-1985), 1765.

[21] Per una presentazione interdisciplinare sulla narrazione nella teologia e nella catechesi cf. G. ALCAMO (a cura di), *Far toccare Dio. La narrazione nella catechesi*, Paoline, Milano 2016.

disegno di Dio (nell'historia salutis) e nell'unità del mistero di Cristo.»[22] In Maria, "Vergine", "Sposa, e "Madre" vengono a congiungersi i significati teologici, ecclesiologici ed antropologici.[23]

Il capitolo VIII della Lumen Gentium,[24] dal titolo "*La beata Vergine Maria Madre di Dio nel mistero di Cristo e della Chiesa*", corrisponde ai numeri 52-69. L'ultimo capitolo della Lumen Gentium, dopo il proemio che situa Maria nel mistero della salvezza e la riconosce come singolare membro della Chiesa (nn 52-54) è suddiviso in quattro parti:

1- La funzione della Beata Vergine nell'economia della salvezza: la madre del Messia nell'AT, Maria nell'annunciazione, Maria nell'infanzia di Gesù, Maria e la vita pubblica di Gesù, Maria dopo l'ascensione (nn. 55-59). Siamo di fronte alla scelta di dare una solida fondazione biblica alla mariologia, quale unica sorgente della fede a cui la stessa Tradizione deve essere sempre legata. È di straordinaria importanza il riferimento implicito alla lettera ai Galati, una delle più antiche formulazioni kerigmatiche, in cui per la prima volta nel NT si cita esplicitamente la donna da cui nacque Colui che porta a compimento la promessa: «*Ma quando venne la pienezza del tempo, Dio mandò il suo Figlio, nato da donna, nato sotto la Legge, per riscattare quelli che erano sotto la Legge, perché ricevessimo l'adozione a figli.*» (Gal 4,4-5)[25]

2- La Beata Vergine e la Chiesa: Maria e Cristo unico mediatore, cooperazione alla redenzione, funzione salvifica subordinata, Maria vergine e madre modello della Chiesa, la Chiesa vergine e madre, le virtù di Maria che la Chiesa deve imitare (nn. 60-65). Si pone Cristo, come unico mediatore, a fondamento di ogni riflessione mariana; non si può parlare della missione di Maria sganciata o in contrapposizione alla missione del Figlio, perché «*ogni salutare influsso della beata Vergine verso gli uomini non nasce da una necessità oggettiva, ma da una disposizione puramente gratuita di Dio, e sgorga dalla sovrabbondanza dei meriti di Cristo.*» (n. 60) Dall'altra parte, bisogna affermare, alla luce di quanto è scritto nel numero 61, che nel parlare della redenzione non si può tacere del suo ruolo sulla Vergine Maria, che ha vissuto tutta la sua vita in relazione al mistero di Cristo, prima atteso e poi accolto e donato all'umanità.[26]

---

[22] S. M. PERRELLA, *Ecco tua Madre (Gv 19,17). La madre di Gesù nel magistero di Giovanni Paolo II e nell'oggi della Chiesa e del mondo*, o.c., p. 78. Cf. M.M. SANTORO, *Per una mariologia narrativa. Approfondimenti seguendo P. Ricoeur*, in «Theotokos», 2(1994), pp. 97-134.

[23] Cf. B. FORTE, *Maria, la donna icona del mistero. Saggio di mariologia simbolico-narrativa,* Paoline, Cinisello Balsamo (Mi)1989, pp. 153-259.

[24] Per la conoscenza della redazione del capitolo VIII della Lumen Gentium e per i suoi risvolti nella vita pastorale cf. E. M. TONIOLO (a cura di), *Maria nel concilio. Approfondimenti e percorsi a 40 anni dalla «Lumen Gentium»*, Centro di Cultura Mariana «Madre della Chiesa», Roma 2005. Sono gli Atti del convegno di «Fine anno con Maria», al Teresianum di Roma del 2004; E. MALNATI, *La Beata Vergine Maria dal Concilio Vaticano II,* o.c. Il testo ha il pregio di riportare per ogni numero della LG, i riferimenti biblici, quanto nella Tradizione i padri hanno scritto in proposito e i pronunciamenti del Magistero.

[25] Cf. G. ALCAMO, *Il Dio di Gesù Cristo. Nella lettera ai Galati,* Paoline, Milano 2014, pp. 77-85.

[26] Cf. COMMISSIONE TEOLOGICA INTERNAZIONALE, *Questioni di Cristologia,* del 20 ottobre 1980, in *EV 7(1980-1981), 685.*

3- Il culto della Beata Vergine nella Chiesa: natura e fondamento del culto, norme pastorali (nn. 66-67). La pietà popolare e la devozione devono fondarsi sulla dottrina sopra esposta; il contesto storico-salvifico deve illuminare e supportare tutta la fede dalla Chiesa sulla missione di Maria. Maria e la Chiesa dentro l'umanità sono la testimonianza di un amore divino offerto gratuitamente all'uomo.

4- Maria, segno di certa speranza e di consolazione per il pellegrinante popolo di Dio: Maria segno del popolo di Dio, Maria intercede per l'unione dei cristiani (nn. 68-69). La madre di Gesù «*è l'immagine e la primizia della Chiesa che dovrà avere il suo compimento nell'età futura*» (n. 68) Nel Regno di Dio, Maria, assunta in cielo, è la prima dei cristiani che regna con Cristo, perché compartecipe della gloria del Salvatore. (cfr. 2Tm 2,12)

In quanto madre di Gesù Cristo, Maria è invocata con i titoli di "avvocata, ausiliatrice, soccorritrice, mediatrice"; nella sua maternità, lungo il corso dei secoli, la Chiesa la scopre come "modello esemplare" da indicare ai suoi figli: «*per grazia di Dio esaltata, al di sotto del Figlio, sopra tutti gli angeli e gli uomini, viene dalla Chiesa giustamente onorata con culto speciale.* » (n. 66) Del ruolo di Maria non è Cristo che ne ha bisogno, ma la Chiesa e i cristiani. Maria stessa è redenta da Cristo unico Salvatore.

Quindi, non deve sorprendere che il capitolo VIII della *Lumen Gentium* non contenga un nuovo insegnamento su Maria, ma riassuma quanto la Chiesa ha creduto nel corso dei secoli. Giovanni Paolo II indica il capitolo VIII della Lumen Gentium come "*una magna charta di Mariologia nella nostra era*".[27]

Il Concilio ha cercato di leggere il ruolo di Maria dentro la storia della salvezza come parte integrante di quello del Redentore; a partire dal Concilio, non vi è alcuna devozione ecclesiale che possa fermarsi a Maria; la vera devozione ecclesiale conduce immediatamente per Maria a Gesù e per questo al Padre nello Spirito Santo.[28]

Von Balthasar così sintetizza il pensiero conciliare: «*Il sì di Cristo e il sì di Maria sono completamente compenetrati tra loro; per questo resta sempre vero che Maria manifesta la sua disponibilità di fede a partire da una grazia in ultima analisi cristologica. ... Poiché il sì di Maria è tanto immacolato e perfetto, imitarla e venerarla non costituisce in alcun modo una spiritualità particolare. Si deve anzi affermare che non esiste una spiritualità legittima nella Chiesa che possa permettersi di cercare Dio facendo a meno di questo modello di perfezione cristiana, senza cioè essere anche spiritualità mariana*».[29]

A partire dal Concilio Ecumenico Vaticano II, nella Chiesa cattolica, dal punto di vista teologico pastorale, inizia un lento ma inesorabile processo di revisione del rapporto

27 GIOVANNI PAOLO II, Udienza generale, del 2 maggio 1979.

28 Cf. S. DE FIORES, *Maria nella teologia postconciliare,* in R. LATOURELLE (a cura di), *Vaticano II. Bilancio e prospettive venticinque anni dopo (1962-1987),* Cittadella, Assisi 1987, vol. I, pp. 414-470.

29 H. U. VON BALTHASAR, *Maria icona della Chiesa,* San Paolo 1998, pp. 26-27.

affettuoso e filiale con Maria. Paolo VI esprime questo rinnovamento di prospettiva e di relazione proclamando, senza alcuna definizione dogmatica, Maria "Madre della Chiesa".[30]

Il legame tra Dio e Maria ha raggiunto il suo punto vertice nella maternità come vocazione data ed accolta; Maria è colei che ha contemplato Dio nel volto umano di Gesù «*Madre della Chiesa, perciò, è titolo che porta a compimento quello di Theotòkos, di Madre di Dio: mostra, infatti, come lo speciale rapporto con Cristo nell'incarnazione si precisi nel particolarissimo rapporto di Maria con tutti noi nella economia di salvezza. Maria non è al di fuori o al di sopra della Chiesa ma, al tempo stesso, è al di là della perfezione di ciascuno di noi.*»[31]

Una sintesi completa della fede della Chiesa, sulla identità e sul ruolo di Maria nella storia della salvezza, viene fatta da Paolo VI nella solenne professione di fede, nel XIX centenario del martirio dei santi apostoli Pietro e Paolo, con cui si conclude l'anno della fede: « *Noi crediamo che Maria è la Madre, rimasta sempre Vergine, del Verbo Incarnato, nostro Dio e Salvatore Gesù Cristo e che, a motivo di questa singolare elezione, Ella, in considerazione dei meriti di suo Figlio, è stata redenta in modo più eminente, preservata da ogni macchia del peccato originale e colmata del dono della grazia più che tutte le altre creature. Associata ai Misteri della Incarnazione e della Redenzione con un vincolo stretto e indissolubile, la Vergine Santissima, l'Immacolata, al termine della sua vita terrena è stata elevata in corpo e anima alla gloria celeste e configurata a suo Figlio risorto, anticipando la sorte futura di tutti i giusti; e noi crediamo che la Madre Santissima di Dio, Nuova Eva, Madre della Chiesa, continua in Cielo il suo ufficio materno riguardo ai membri di Cristo, cooperando alla nascita e allo sviluppo della vita divina nelle anime dei redenti.*»[32]

Questa scelta ha una ripercussione ecumenica molto grande, in quanto le Chiese della riforma, pur non accettando i dogmi dell'Immacolata concezione, dell'Assunzione corporea, nè la singolare partecipazione di Maria all'opera della Salvezza, la vedono con grande favore e interesse. Il gruppo di Dombes, formato da teologi cattolici, riformati e luterani, chiamato così dal luogo in cui si è incontrato fino al 1998, si prefigge di affrontare tematiche teologiche in prospettiva ecumenica, in proposito scrive: «*Sullo sfondo delle grandi affermazioni cristologiche dei primi concili ecumenici (particolarmente Efeso e Calcedonia) e degli scritti dei riformatori del XVI secolo, questa riflessione* (non esiste una mariologia, ne tanto meno una devozione o un culto a Maria) *si fa più precisa, ricollocando la madre del Signore nel*

---

[30] Allocuzione di Paolo VI a chiusura del terzo periodo del Concilio, del 21 novembre 1964; EV 1(1962-1965), 277*-325*; «*Noi proclamiamo Maria Santissima "Maria della Chiesa", cioè di tutto il popolo di Dio, tanto dei fedeli come dei pastori, che la chiamano Madre amorosissima; e vogliamo che con tale titolo d'ora innanzi la Vergine venga ancor più onorata ed invocata da tutto il popolo cristiano.*» (n. 306*) Cf. S. DE FIORES, *Maria nel mistero di Cristo e della Chiesa*, Monfortane, 1995[5].

[31] G. COLZANI, *Maria. Mistero di grazia e di fede*, o.c. pp. 273-174.

[32] PAOLO VI, Solenne professione di fede, del 30 giugno 1968, 15 in AAS 60(1968), 433-445; EV 3(1968-1970), 537-566; qui 550-551.

mistero della salvezza, al proprio posto di umile serva e di ammirabile testimone della fede, al primo rango delle creature riscattate.»[33]

Sabino Chialà, nello studio già citato, afferma: «*Frutto maggiore della riflessione mariologica sviluppatasi nel e intorno al concilio Vaticano II è il suo reinserimento organico all'interno della riflessione cristologica ed ecclesiologica, strappandola a quell'isolamento in cui era stata relegata per secoli. Ne sono scaturiti vari nuovi filoni interpretativi, che tuttavia si inseriscono nell'antico solco della tradizione biblica e patristica delle prime generazioni. A Maria sono così state nuovamente riconosciute espressioni quali: «figlia di Sion», da considerarsi anche come un risvolto della riscoperta ebraicità di Gesù; «figura della Chiesa», e dunque modello di credente; «figura della Gerusalemme celeste», in quanto primizia dell'umanità redenta in cui la creazione intera contempla l'anticipazione della propria redenzione escatologica.»*[34]

Walter Kasper, nel 2008, a conclusione del pellegrinaggio comune tra cristiani anglicani e cattolici, a Lourdes, ha tenuto una magistrale relazione, dal titolo "*Il ruolo di Maria nell'unità della Chiesa*", nella quale ricostruisce il percorso del Movimento Ecumenico attorno alla figura di Maria ed afferma: «*Maria non è assente, è presente nel dialogo ecumenico; le Chiese hanno compiuto progressi nel riavvicinamento riguardo alla dottrina su Nostra Signora. Nostra Signora non ci divide più, ma ci riconcilia e ci unisce in Cristo suo figlio. ... Pertanto, Maria è segno, testimonianza, profeta e destinataria della grazia di Dio*».[35]

In questa linea non sono pochi coloro che tentano di esprimere la nuova sensibilità mariana con nuove formule, sostituendo i titoli trionfalistici - casa d'oro, vaso spirituale, rosa mistica, torre di Davide, torre d'avorio...- con titoli più vicini alla vita dei cristiani e della Chiesa.[36]

Giovanni Paolo II nella lettera di indizione del Giubileo dell'anno 2000, "Incarnationis mysterium", la presenta come «*Donna del silenzio e dell'ascolto, docile nelle mani del Padre, la Vergine Maria è invocata da tutte le generazioni come "beata", perché ha saputo riconoscere le meraviglie compiute in lei dallo Spirito Santo. Mai si stancheranno i popoli di invocare la Madre della misericordia e sempre troveranno rifugio sotto la sua protezione.»*[37]

Lo spostamento terminologico evidenzia che, per la Chiesa cattolica, Maria non è solo davanti a noi, non risiede solo nel passato della storia della salvezza, ella è presente oggi ed è

---

[33] GRUPPO DI DOMBES, *Maria nel disegno di Dio e nella comunione dei santi*, Qiqajon, Comunità di Bose 1998, p. 72. Cf. G. BRUNI, *Mariologia ecumenica. Approcci – Documenti – Prospettive*, Dehoniane, Bologna 2009.

[34] S. CHIALÀ, *Maria, la madre del Signore. Un approccio ecumenico*, a.c., p. 431.

[35] W. KASPER, *Il ruolo di Maria nell'unità della Chiesa*, in «L'Osservatore Romano», 25 settembre 2008, p. 7.

[36] Cf. A. BELLO, *Maria donna dei nostri giorni*, San Paolo, Milano 1993. Giovanni Paolo II, nella lettera alle famiglie del 1994, in occasione dell'Anno della famiglia, chiama Maria "*Madre del bell'amore*"; cf. EV 14(1994-!995), 312-323. Francesco ama invocare Maria, tra i tanti titoli, come "*Madre della tenerezza*", "*Nostra Signora della premura*".

[37] GIOVANNI PAOLO II, *Lettera apostolica "Incarnationis mysterium"*, del 29 novembre 1998, in EV17(1998), 1721.

attiva in questo momento storico, spiega la nostra storia indicandoci il cammino della sequela che sta davanti.

Sempre Walter Kasper afferma: «*Il Concilio vaticano II ha ribadito che la nostra venerazione per Nostra Signora e la nostra fiducia in Lei non sminuisce né mina, bensì vuole mettere in evidenza Cristo, come capo unico e unica sorgente di grazia. E Maria non vuole essere per niente lontana da Cristo o senza di Lui; Ella è il suo primo discepolo e l'umile ancella di Dio*».[38]

È indubbio che il Concilio ha aperto prospettive inedite nella visione del ruolo di Maria in relazione alla storia della salvezza e nel dialogo ecumenico; tuttavia, sia durante che dopo il Concilio, come per ogni novità, dentro la Chiesa non mancano entusiasmi, adesioni, ma anche perplessità, resistenze e incomprensioni. Mentre la riflessione teologica procede, seppur con qualche resistenza, nella direzione indicata dal Concilio, la prassi pastorale fa fatica a rinnovarsi, passando spesso da un eccesso ad un altro e aldilà di ogni buon senso, eliminando tutta la struttura tradizionale o arroccandosi su essa, non tenendo in conto che tra il prima e il poi dell'evento Concilio non c'è solo rottura, perché: «*nella storia della Chiesa, il "vecchio" e il "nuovo"sono sempre profondamente intrecciati tra di loro. Il "nuovo" cresce dal "vecchio", il "vecchio" trova nel "nuovo" una sua più piena espressione.*»[39]

2. Maria nel pensiero dei Papi postconciliari

Il cammino postconciliare non è stato facile e come afferma Gianni Colzani la mariologia "*è ancora un trattato giovane*". Le scelte del Concilio Vaticano II, nel guardare a Maria in relazione al Figlio e alla Chiesa, sono state accolte con entusiasmo, ma hanno ancora bisogno di essere assimilate e rielaborate.[40] Il punto di non ritorno è dato dal fatto che a partire dal dato conciliare, le singole tesi mariologiche devono essere collocate sempre dentro il contesto storico-salvifico di Cristo: «*Il senso della figura di Maria non va costruito a partire dalla cultura, non va dedotto per via razionale ma va riconosciuto all'interno della memoria di fede che conserviamo della storia di Gesù.*»[41]

Tutta la riflessione postconciliare è impegnata a sviluppare lo stretto rapporto che vige tra Gesù, Maria e la Chiesa, indicando l'unicità del ministero di Gesù, dentro cui trova senso la vita di Madre e della Chiesa. Per comprendere veramente il ruolo della Madre non possiamo e non dobbiamo mai sganciarla dall'incarnazione del Figlio: «*Il fiat di Maria, infatti, è incondizionato e illuminato: nel suo materno aprirsi per fede al figlio che porta in sé vi è un atteggiamento che contiene in germe la Chiesa intera e l'umanità rinnovata. Non*

---

[38] W. KASPER, *Il ruolo di Maria nell'unità della Chiesa* , a.c., p. 7.

[39] GIOVANNI PAOLO II, *Lettera apostolica "Tertio millennio adveniente"*, del 10 novembre 1994, 18 *in AAS 87(1995)5-41*; EV 14(1994-1995), 1714-1820; qui 1743.

[40] Un ottimo tentativo di approfondimento è stato fatto in quest'ultimo anno da Luca Mantovani e Gianluca Pasquale nel testo già citato.

[41] G. COLZANI, *Maria. Mistero di grazia e di fede*, o.c., p. 21.

viene da qui solo una continuità tra l'esperienza mariana e quella della Chiesa ma, anche, quella di una partecipazione di Maria al concreto determinarsi della persona di Cristo.»[42]

Per cogliere il cammino postconciliare della Chiesa, ripercorro a grandi linee il magistero dei papi in questi cinquant'anni, perché come fa notare Perrella, citando Angelo Amato, «*il magistero conciliare e postconciliare è stato il vero protagonista, aprendo nuovi orizzonti inediti nel discorso mariologico*»,[43] tenendo presente, comunque, che alla ricchezza dei contenuti non sempre corrisponde un concreto rinnovamento di vita pastorale.

Mi limiterò, quindi, a sintetizzare la mariologia che emerge dal loro magistero, riportando quanto loro stessi hanno detto alla Chiesa in questo tempo di recezione conciliare ed evidenziando i punti cruciali del loro pensiero. Il mio vuole essere un semplice intervento di cucitura, che armonizza, legge e provoca alla riflessione personale. In questo oceano di scritti, si rischia di perdere qualcosa di essenziale e di non riuscire a far cogliere la totalità del pensiero di ciascuno di loro; comunque, il tentativo va fatto.

2.1. Paolo VI

In questo tempo di celebrazione e di prima recezione del Concilio (1963-1978), Papa Montini, oggi santo, con diversi interventi, esplicita la fede della Chiesa in continuità con la più genuina tradizione, ma anche nello spirito del rinnovamento conciliare.[44]

In una lettera enciclica del 1965, durante il Concilio, dopo averla proclamata "Madre della Chiesa", per ricordare che secondo la tradizione della Chiesa il mese di maggio è dedicato alla Madonna, scrive: «*Giacché Maria è pur sempre strada che conduce a Cristo. Ogni incontro con lei non può non risolversi in un incontro con Cristo stesso. E che altro significa il continuo ricorso a Maria, se non un cercare fra le sue braccia, in lei e per lei e con lei, Cristo Salvatore nostro, al quale gli uomini, negli smarrimenti e nei pericoli di quaggiù, hanno il dovere e sentono senza tregua il bisogno di rivolgersi, come a porto di salvezza e come a fonte trascendente di vita?*»[45]

L'anno successivo, per esortare a dire il rosario nel mese di ottobre, di fronte alla corsa per avere armamenti atomici e al «*pericolo di una più vasta e dura calamità, che incombe sull'umana famiglia, poiché, specialmente nelle regioni dell'Asia orientale, ancora si combatte con spargimento di sangue, e infuria una guerra difficile*», Paolo VI scrive ancora una lettera enciclica, per invocare da Maria, madre di Cristo e regina della pace, il dono della pace, «*fondata sulla giustizia e sulla libertà degli uomini, che tenga quindi conto dei diritti delle persone e delle comunità, altrimenti essa sarà debole e instabile.*»[46]

---

[42] *IBIDEM*, 197.

[43] S. M. PERRELLA, *Ecco tua Madre (Gv 19,17). La madre di Gesù nel magistero di Giovanni Paolo II e nell'oggi della Chiesa e del mondo*, o.c. p. 525.

[44] Cf. S. M. Perrella, *Ecco tua Madre (Gv 19,17). La madre di Gesù nel magistero di Giovanni Paolo II e nell'oggi della Chiesa e del mondo*, o.c., pp. 110-125.

[45] PAOLO VI, Lettera enciclica "*Mense maio*", del 29 aprile 1965, in AAS 57(1965), 353-358; EV S1 (1962-1987), 52.

[46] PAOLO VI, Lettera enciclica "*Christi matri*" del 15 settembre 1966, in AAS 58(1966), 745-749; EV S1 (1962-1987), 90; 93. Nel 1969 Paolo VI scrive un'altra esortazione apostolica per sollecitare la

Sono due brevi lettere encicliche, legati alla diffusa pietà popolare, che presentano Maria come colei che sostiene la vita del popolo di Dio, sia nelle situazioni ordinarie e quotidiane sia nelle situazioni di maggiore pericolo o difficoltà. Paolo VI, in tutti i suoi scritti, fa quasi sempre riferimento alla Madre di Dio e Madre nostra, indicandola sempre come "*il modello di perfezione cristiana, lo specchio delle virtù sincere, la meraviglia della vera umanità*".[47]

Nella bolla di indizione dell'anno giubilare del 1975, Paolo VI esprime tutto il suo amore e tutta la sua fede nell'opera di intercessione di Maria, invocandola come: «*Vergine santissima, alma madre del Redentore, madre della Chiesa, madre della grazia e della misericordia, ministra della riconciliazione, tipo fulgidissimo di vita nuova...* »[48]

Gli scritti di Paolo VI di maggiore spessore teologico, sempre in riferimento alla pietà popolare su Maria sono: "*Signum magnum*" del 1967,[49] e quello che può essere considerato il "*direttorio*" del culto mariano postconciliare "*Marialis cultus*" del 1974.[50]

2.1.1. Signum Magnum

Nella esortazione apostolica "Signum magnum", Paolo VI attua una rilettura di quanto nel Concilio è stato detto, con particolare riferimento alla Lumen Gentium, e della successiva riforma liturgica, che se attuata in modo corretto non può che esaltare il ruolo del "tutto singolare" della Madre di Dio.

Papa Montini mette in relazione quanto è avvenuto al Concilio di Efeso che ha proclamato Maria "Theotokos" con quanto è avvenuto al Concilio Vaticano II che ha proclamato la Theotokos "Madre spirituale della Chiesa"; ma anche, la gioia della Chiesa di Efeso che accompagna i padri conciliari con fiaccole accese, con la gioia della Chiesa radunata a Roma nella basilica di San Pietro. Come ad Efeso la Theotokos ha rischiarato dentro la Chiesa indivisa il mistero di Cristo, così nel Vaticano II la Madre della Chiesa illumina il mistero della Chiesa in Cristo.[51]

La maternità di Maria viene colta da papa Montini, non solo in riferimento alla nascita di Gesù di Nazaret, «*ma anche perché rifulge come modello di virtù davanti a tutta la*

---

recita del rosario per implorare l'aiuto di Maria per "*la pace e la riconciliazione fra tutti gli uomini e fra tutti i popoli*", in AAS 61(1969), 649-654; EV 3(1968-1970), 1609-1618.

47 PAOLO VI, Lettera enciclica *"Ecclesiam suam"* del 6 agosto1964, in AAS 56(1964), 609-659; EV 2(1963-1967), 163-210; qui n. 188.

48 PAOLO VI, Lettera apostolica "*Apostolorum limina*", del 23 maggio 1974, in AAS 66(1974), 289-307; EV 5(1974-1976), 489-533; qui n. 533. Nell'Evangelii Nuntiandi, Paolo VI la invoca come "stella dell'evangelizzazione"; cf. EV 5(1974-1976), 1716.

49 Cf. PAOLO VI, Esortazione apostolica "*Signum magnum*" del 13 maggio 1967, in AAS 59(1967), 465-475; EV 2(1963-1967), 1177-1193.

50 Cf. PAOLO VI, Esortazione apostolica "*Marialis Cultus*" del 2 febbraio 1974, in AAS 66(1974), 113-168; EV 5(1974-1976), 13-97.

51 Questo legame viene ribadito nel 1981 da Giovanni Paolo II con una lettera a tutta la Chiesa, in occasione di due anniversari: XVI centenario del concilio Costantinopolitano I, in cui viene elaborato il testo della nostra professione di fede; e, del 1550° anniversario del concilio di Efeso, in cui si afferma la fede in Maria "Theotokos", in AAS 73(1981), 513-527; EV 7(1980-1981), 1171-1199.

comunità degli eletti. Come, infatti, ogni madre umana non può limitare il suo compito alla generazione di un nuovo uomo, ma deve estenderlo alle funzioni del nutrimento e della educazione della prole, così si comporta la beata Vergine Maria.»[52]

Il motivo per cui Paolo VI scrive questa esortazione è descritto nella introduzione: «*Noi desideriamo richiamare ancora una volta l'attenzione di tutti i figli della Chiesa sull'inscindibile nesso vigente tra la maternità spirituale di Maria, così ampiamente illustrato nella Costituzione dogmatica Lumen Gentium , e i doveri degli uomini redenti verso di lei, quale madre della Chiesa.*»[53]

La vita di Maria, così come gli evangelisti la raccontano viene presentata come una vita in servizio non solo a Dio ma anche all'umanità: «*Può allora affermarsi che tutta la vita dell'umile ancella del Signore, dal momento in cui fu salutata dall'Angelo fino alla sua assunzione in anima e corpo alla gloria celeste, fu una vita di amoroso servizio.*»[54]

In relazione alla diaconia di Maria, Paolo VI indica ai cristiani come corrispondere: «*Orbene, dinanzi a tanto splendore di virtù, il primo dovere di quanti riconoscono nella Madre di Cristo il modello della Chiesa è quello di unirsi a lei nel rendere grazie all'Altissimo per aver operato in Maria cose grandi a beneficio dell'intera umanità. Ma ciò non basta. È altresì dovere dei fedeli tutti di tributare alla fedelissima ancella del Signore un culto di lode, di riconoscenza e di amore, poiché, secondo la sapiente e soave disposizione divina, il libero suo consenso e la generosa sua cooperazione ai disegni di Dio hanno avuto, ed hanno tuttora, un grande influsso nel compimento dell'umana salvezza. Perciò ogni cristiano può far propria l'invocazione di sant'Anselmo: O gloriosa Signora, fa' che per te meritiamo di ascendere a Gesù, tuo Figlio, che per tuo tramite si degnò di scendere tra noi .*»[55]

2.1.2. Marialis Cultus

Nel cammino di recezione di quanto il Concilio ha emanato, un ruolo prioritario è dato da Paolo VI alla riforma liturgica, con la promulgazione dei nuovi libri liturgici; tutto questo ha delle ripercussioni sulle forme con cui la Chiesa ha onorato e venerato la Madre di Dio: «*la riforma postconciliare, come già era nei voti del Movimento Liturgico, ha considerato con adeguata prospettiva la Vergine nel mistero di Cristo e, in armonia con la tradizione, le ha riconosciuto il posto singolare che le compete nel culto cristiano, quale santa Madre di Dio e alma cooperatrice del Redentore. ... Desideriamo sottolinearlo: il culto che oggi la Chiesa universale rende alla santa Madre di Dio è derivazione, prolungamento e accrescimento incessante del culto che la Chiesa di ogni tempo le ha tributato con scrupoloso studio della verità e con sempre vigile nobiltà di forme. Dalla tradizione perenne, viva per la presenza ininterrotta dello Spirito e per l'ascolto continuo della Parola, la Chiesa del nostro tempo trae motivazioni, argomenti e stimolo per il culto che essa rende alla Beata Vergine. E di tale*

[52] PAOLO VI, Esortazione apostolica "*Signum magnum*" 1, in EV 2(1963-1967), 1179.

[53] *IBIDEM,* Introduzione, in EV 2(1963-1967), 1178.

[54] *IBIDEM,* 6, in EV 2(1963-1967), 1184.

[55] *IBIDEM,* 7, in EV 2(1963-1967), 1185.

viva tradizione la Liturgia, che dal Magistero riceve conferma e forza, è espressione altissima e probante documento.»[56]

Dentro questo alveo di rinnovamento, si colloca l'esortazione apostolica "Marialis Cultus", come ulteriore apporto che Paolo VI vuole offrire per aiutare il popolo di Dio ad esprimere in modo adeguato il culto alla Beata Vergine: «*Vorremmo, pertanto, soffermarci su alcune questioni che riguardano i rapporti tra la sacra liturgia e il culto della Vergine (I); proporre considerazioni e direttive atte a favorire il legittimo sviluppo di questo culto (II); suggerire, infine, alcune riflessioni per una ripresa vigorosa e più consapevole della recita del santo rosario, la cui pratica è stata insistentemente raccomandata dai nostri predecessori ed è tanto diffusa tra il popolo cristiano (III).* »[57]

Paolo VI, con questo documento, dà alla Chiesa quattro orientamenti per la pietà mariana:

- Un orientamento biblico. Il primato della parola di Dio deve estendersi a tutte le funzioni della Chiesa e quindi anche al culto mariano; la devozione mariana deve essere segnata dai temi fondamentali del messaggio cristiano con cui Maria costantemente si è confrontata: «*La necessità di un'impronta biblica in ogni forma di culto è oggi avvertita come un postulato generale della pietà cristiana. ... Non vorremmo, però, che l'impronta biblica si limitasse a un diligente uso di testi e simboli, sapientemente ricavati dalle Sacre Scritture; essa comporta di più: richiede, infatti, che dalla bibbia prendano termini e ispirazione le formule di preghiera e le composizioni destinate al canto; ed esige, soprattutto, che il culto della Vergine sia permeato dei grandi temi del messaggio cristiano, affinché, mentre i fedeli venerano colei che è Sede della Sapienza, siano essi stessi illuminati dalla luce della divina Parola e indotti ad agire secondo i dettami della Sapienza incarnata.*»[58]

- Un orientamento liturgico. La riforma liturgica che scaturisce dall'evento Concilio ha concretizzato, in tutto l'anno liturgico, una significativa correlazione tra il mistero di Cristo e le feste che fanno memoria della beata Vergine; gli esercizi della pietà popolare devono quindi armonizzarsi con la liturgia e non confondersi con essa: «*Una azione pastorale illuminata deve da una parte distinguere e sottolineare la natura propria degli atti liturgici, dall'altra valorizzare i pii esercizi, per adeguarli alle necessità delle singole comunità ecclesiali e renderli ausiliari preziosi della Liturgia.*»[59]

- Un orientamento ecumenico. Il desiderio della Chiesa cattolica di ripercorrere la via della comunione e dell'unità con tutte le Chiese cristiane, deve anche estendersi alla devozione verso la Madre di Dio, che deve acquisire una impronta ecumenica: «*Per il suo carattere ecclesiale, nel culto alla Vergine si rispecchiano le preoccupazioni della Chiesa stessa, tra cui, ai nostri giorni, spicca l'ansia per la ricomposizione dell'unità dei cristiani. La pietà verso la Madre del Signore diviene, così, sensibile alle trepidazioni e agli scopi del Movimento ecumenico, cioè acquista essa stessa una impronta ecumenica. ... Siamo consapevoli che esistono non lievi discordanze tra il pensiero di molti fratelli di altre Chiese*

---

[56] PAOLO VI, Esortazione apostolica *"Marialis cultus" 15*, in EV 5(1974-1976), 38-39.

[57] *IBIDEM, Introduzione*, in EV 5(1974-1976), 19.

[58] *IBIDEM, 30*, in EV 5(1974-1976), 57.

[59] *IBIDEM, 31*, in EV 5(1974-1976), 60.

e comunità ecclesiali e la dottrina cattolica "intorno (...) alla funzione di Maria nell'opera della salvezza" e, quindi, intorno al culto da renderle. Tuttavia, poiché la stessa potenza dell'Altissimo che adombrò la Vergine di Nazaret (cfr Lc 1,35) agisce nell'odierno Movimento ecumenico e lo feconda, desideriamo esprimere la Nostra fiducia che la venerazione verso l'umile Ancella del Signore, nella quale l'onnipotente fece grandi cose (cfr Lc 1,49), diverrà, sia pur lentamente, non un ostacolo, ma tramite e punto di incontro per l'unione di tutti i credenti in Cristo.»[60]

- Un orientamento antropologico. Il modo come l'uomo esprime la sua fede e i suoi valori cambia con il cambiare della sua sensibilità personale, sociale e culturale. Questo richiede alla Chiesa una duplice sensibilità: riuscire a produrre forme di pietà popolari adeguate alla sensibilità dell'uomo di oggi e, dall'altra parte, liberare la figura di Maria da tutto ciò che storicamente risulta datato e non più significativo. Maria oggi costituisce un modello non per il suo modo di vita, oggi non più proponibile, ma per la sua fede coraggiosa e il suo amore attivo: « *la Vergine Maria è stata sempre proposta dalla Chiesa alla imitazione dei fedeli non precisamente per il tipo di vita che condusse e, tanto meno, per l'ambiente socioculturale in cui essa si svolse, oggi quasi dappertutto superato; ma perché, nella sua condizione concreta di vita, ella aderì totalmente e responsabilmente alla volontà di Dio (cfr Lc 1,38); perché ne accolse la parola e la mise in pratica; perché la sua azione fu animata dalla carità e dallo spirito di servizio; perché, insomma, fu la prima e la più perfetta seguace di Cristo: il che ha un valore esemplare, universale e permanente.»*[61]

Paolo VI chiede alla Chiesa di prendere coscienza che l'essere cristiani comporta coerenza di vita ed evangelizzazione, quindi tutto nella vita del credente deve concorrere a fare di lui una persona credibile. Anche la devozione non può esimersi da questo obiettivo; è, in tal senso, che in questa esortazione apostolica il Papa chiede di voler imitare Maria nella sequela di Cristo; in ciò, Egli dice, sta la vera devozione: « *L'esemplarità della Beata Vergine in questo campo deriva dal fatto che ella è riconosciuta eccellentissimo modello della Chiesa nell'ordine della fede, della carità e della perfetta unione con Cristo, cioè di quella disposizione interiore con cui la Chiesa, sposa amatissima, strettamente associata al suo Signore, lo invoca e, per mezzo di lui, rende il culto all'eterno Padre.»*[62]

Papa Montini, richiamando le indicazioni del Vaticano II, di promuovere oltre al culto liturgico anche altre forme di pietà, nella Marialis cultus sottolinea l'importanza e l'opportunità di dare significato a *«due pii esercizi molto diffusi in Occidente e dei quali la Sede Apostolica si è occupata in varie occasioni: l'Angelus Domini e il Rosario o Corona della Beata Vergine Maria.»*[63]

L'esortazione si conclude richiamando il valore teologico del culto alla Vergine ed evidenziando la sua efficacia pastorale per una vita all'insegna della fedeltà evangelica. Maria viene posta da Paolo VI come testimone autorevole davanti alla Chiesa, ma anche come Colei che può intercede, in modo del tutto "singolare", presso il Figlio per sostenere la vita della

---

[60] *IBIDEM, 32-33*, in EV 5(1974-1976), 61 e 63.

[61] *IBIDEM, 35*, in EV 5(1974-1976), 66.

[62] *IBIDEM, 16*, in EV 5(1974-1976), 40.

[63] *IBIDEM, 40*, in EV 5(1974-1976), 71.

Chiesa e dei singoli cristiani. È compito dei pastori educare il popolo di Dio a rivolgersi con "filiale fiducia" a Colei che la fede della Chiesa invoca come Ausiliatrice.

2.2. Giovanni Paolo II

Giovanni Paolo II ha una grande devozione personale alla Vergine santa, nel suo stemma vi è una "*M*" e tutti i suoi interventi si concludono con un ricordo della Madonna;[64] nelle sue visite apostoliche alle Chiese vi è sempre la scelta di recarsi in pellegrinaggio in un santuario mariano; tutte le occasioni sono buone per affidare, al cuore immacolato della Madre di Dio, la Chiesa e l'umanità.[65] Impossibile passare in rassegna tutti i testi e gli interventi catechetici che il santo Papa, nel suo lungo pontificato, ha scritto o pronunciato su Maria, «*non solo dal punto di vista dogmatico, ma anche quello antropologico, tipologico, ecumenico, pastorale, catechetico e spirituale*».[66] A titolo esemplificativo, prendo in esame i primi interventi e due delle sue encicliche: *Dives in Misericordia* e *Redemptoris Mater.*

Nel suo primo anno di ministero petrino, in tre contesti diversi fa riferimento alla maternità di Maria. Nella sua prima enciclica "Redemptor hominis[67] la mette in relazione alla maternità della Chiesa. Per comprendere meglio che cosa significhi che "la Chiesa è madre", per la sua vicinanza all'uomo in tutti i suoi contesti esistenziali, dobbiamo fare riferimento alla maternità di Maria. La Chiesa non solo è madre, ma ha sempre bisogno di una "madre" per essere introdotta nella dimensione umana e divina del mistero di Cristo. «*Di conseguenza, Maria deve trovarsi su tutte le vie della vita quotidiana della Chiesa. Mediante la sua materna presenza, la Chiesa prende certezza che vive veramente la vita del suo Maestro e Signore, che vive il mistero della Redenzione in tutta la sua vivificante profondità e pienezza. Parimenti la stessa Chiesa, che ha le sue radici in numerosi e svariati campi della vita di tutta l'umanità contemporanea, acquista anche la certezza e, si direbbe, l'esperienza di essere vicina all'uomo, ad ogni uomo, di essere la «sua» Chiesa: Chiesa del Popolo di Dio.*»[68]

Nell'approssimarsi del suo primo giovedì santo da pastore della Chiesa universale, Giovanni Paolo II scrive una lettera a tutti i sacerdoti, dove esplicita il senso della vocazione e il ministero a cui sono chiamati.[69] Riecheggiando quanto viene raccontato dagli evangelisti nel cenacolo, prima della passione, e quanto è avvenuto sotto la croce in quel venerdì santo,

---

64 Nell'ottobre del 2002, per ringraziare il Signore per il 25° anniversario di ministero petrino, ha indetto un anno speciale "*sotto lo sguardo di Maria*", dedicato alla riscoperta della preghiera del rosario. Tutti gli interventi magisteriale di quest'anno pastorale hanno una prospettiva mariana.

65 Particolarmente solenne è l'atto di affidamento alla Beata Vergine Maria dell'8 ottobre del 2000; cf. EV 19(2000), 1317-1321. Cf. J. RATZINGER, *Le 14 encicliche di Giovanni Paolo II,* in «Communio» 32(2003), nn. 190-191. Per una visione più ampia cf. S. M. PERRELLA, *Ecco tua Madre (Gv 19,17). La madre di Gesù nel magistero di Giovanni Paolo II e nell'oggi della Chiesa e del mondo,* o.c., pp. 126-179.

66 S. M. PERRELLA, *Ecco tua Madre (Gv 19,17). La madre di Gesù nel magistero di Giovanni Paolo II e nell'oggi della Chiesa e del mondo*, o.c., p. 530.

67 GIOVANNI PAOLO II, *Lettera enciclica "Redemptor Hominis"*, del 4 marzo 1979, in AAS 71(1979), 257-324; EV 6(1977-1979), 1167-1268.

68 *IBIDEM*, 22; EV 6(1977-1979),1266.

69 GIOVANNI PAOLO II, *Lettera "Novo Incipiente"*, del 8 aprile 1979, in AAS 71(1979), 393-417; EV 6(1977-1979), 1287-1328.

parla della maternità di Maria in relazione al ministero ordinato.[70] Innumerevoli volte Giovanni Paolo II nelle catechesi settimanali parla della "*relazione essenziale tra la Madre di Gesù e il sacerdozio dei ministri del Figlio, derivante da quella che c'è tra la divina maternità di Maria e il sacerdozio di Cristo*".[71]

Infine, nella Esortazione apostolica postsinodale "Catechesi Tradendae",[72] presenta Maria come il modello esemplare di ogni catechista, in quanto è stata la catechista di Gesù, in quanto madre, ed è stata la prima catechizzata da Gesù, in quanto discepola. Il rapporto tra Maria e Gesù è unico e singolare: sulle sue ginocchia e nel dialogo quotidiano, Gesù è stato introdotto "*alla conoscenza umana delle Scritture e della storia del disegno di Dio sul suo popolo*"; nell'esplicitare la sua maternità, dal Figlio è stata iniziata e sostenuto al compimento della volontà del Padre. «*Non è senza ragione che nell'aula sinodale fu detto di Maria che è "un catechismo vivente", madre e modello dei catechisti.*»[73]

2.2.1. Dives in Misericordia

L'apporto nuovo che Giovanni Paolo II dona alla riflessione teologica su Maria, possiamo cominciare a delinearlo a partire dall'enciclica "Dives in Misericordia".[74] Sviluppando quanto la Lumen Gentium afferma sulla partecipazione di Maria alla "economia della grazia", Giovanni Paolo II specifica che Maria con il suo "Fiat" ha aperto strade nuove e nuove prospettive alla misericordia di Dio, sia sul piano storico sia sul piano escatologico: «*Maria è anche colei che, in modo particolare ed eccezionale - come nessun altro -, ha sperimentato la misericordia e al tempo stesso, sempre in modo eccezionale, ha reso possibile col sacrificio del cuore la propria partecipazione alla rivelazione della misericordia divina. Tale sacrificio è strettamente legato alla croce del Figlio, ai piedi della quale ella doveva trovarsi sul Calvario.*»[75]

La Chiesa, nella sua fede, ama invocarla come "Madre della misericordia", perché Lei è Colei che più di ogni altro conosce il mistero della misericordia divina, anzi, Lei stessa è la manifestazione storica dell'amore misericordioso di Dio, cioè, Colei che ne conosce il "prezzo", svela, con la totalità della sua vita, la «*fedeltà assoluta di Dio al proprio amore, all'alleanza che egli ha voluto fin dall'eternità ed ha concluso nel tempo con l'uomo, con il popolo, con l'umanità; è la partecipazione a quella rivelazione che si è definitivamente compiuta attraverso la croce.*»[76]

---

70 Cf. *Ibidem*, 11; EV 6(1977-1979), 1325-1328. Nel giovedì santo del 1988 scriverà ancora una lettera ai sacerdoti, dal titolo "*Con Maria presso la croce";* una lunga meditazione biblica, dove esplicita l'importanza del ruolo della Madre di Gesù nella vita e nel ministero dei presbiteri. In AAS 80(1988), 1280-1291; Ev 11(1988-1989), 255 281.

71 Congregazione del Clero, *Direttorio per il ministero e la vita dei presbiteri,* del 31 gennaio 1994, in EV 14(1994-1995), 864.

72 Giovanni Paolo II, *Esortazione Apostolica "Catechesi Tradendae*", del 16 ottobre 1979, in AAS 71(1979), 1277-1340; EV 6(1977-1979), 1764-1939.

73 *Ibidem*, 73; EV 6(1977-1979),1939.

74 Giovanni Paolo II, *Lettera Enciclica "Dives in misericordia",* del 30 novembre 1980, in AAS 72(1980), 1177-1232; EV 7(1980-1981), 857-956.

75 *Ibidem*, 9; EV 7(1980-1981), 912.

76 *Ibidem*, 9; EV 7(1980-1981), 912-914.

Dentro le vicende della storia, Maria riconosce, come nessun altro, la presenza misericordiosa del Padre, che mediante il Figlio e nello Spirito porta a compimento la sua alleanza con l'umanità. Nel canto del Magnificat, la Theotokos proclama la misericordia come l'attenzione concreta e premurosa, la tenerezza con cui Dio si accosta all'uomo; ma anche, il modo con cui l'uomo può percepire la presenza di Dio, la sua prossimità. Maria, nel dialogo con Elisabetta, testimonia di essere concretamente amata da Dio, ha imparato a conoscerlo, non per sentito dire ma per esperienza intima e personale, per essere entrata direttamente nel circolo dell'amore trinitario. Da questa consapevolezza fa scaturire la necessità ineludibile di assumere la logica e lo stile della misericordia nelle proprie relazioni interpersonali, creando, a sua volta, una connessione tra la misericordia e la beatitudine: chi accoglie la misericordia del Padre come stile di vita viene introdotto, già qui e ora, nella beatitudine di Dio. Attua così una sorprendente e inaudita circolarità tra il divino e l'umano, tra la promessa e il dono, tra la meta e la via.[77]

2.2.2. Redemptoris Mater

Nel 1987 Giovanni Paolo II scrive un'enciclica dal titolo "*Redemptoris Mater*",[78] perché dice: «*...desidero anch'io avviare la mia riflessione sul significato che ha Maria nel mistero di Cristo e sulla sua presenza attiva ed esemplare nella vita della Chiesa*». «*La circostanza che ora mi spinge a riprendere questo argomento è la prospettiva dell'anno Duemila ormai vicino, nel quale il Giubileo bimillenario della nascita di Gesù Cristo orienta al tempo stesso il nostro sguardo verso la sua madre. In anni recenti si sono levate varie voci per prospettare l'opportunità di far precedere tale ricorrenza da un analogo Giubileo, dedicato alla celebrazione della nascita di Maria. In realtà, se non è possibile stabilire un preciso punto cronologico per fissare la data della nascita di Maria, è costante da parte della Chiesa la consapevolezza che Maria è apparsa prima di Cristo sull'orizzonte della storia della salvezza*».[79]

Siamo di fronte ad un ampio trattato teologico sul ruolo della beata Vergine nell'economia della salvezza. Hans Urs von Balthasar, commentando l'enciclica, afferma che può essere vista come una sintesi, quanto mai originale, del capitolo conclusivo della Lumen Gentium.[80]

L'enciclica è costituita da una introduzione e da tre parti: Maria nel mistero di Cristo, la Madre di Dio al centro della Chiesa in cammino, mediazione materna.[81] Nell'intenzione del suo autore, siamo di fronte ad una sintesi completa del cammino di comprensione che la

---

77 Cf. *IBIDEM*, 9; EV 7(1980-1981), 911-916. Il tema "*Maria Madre di misericordia*" viene ripreso da Giovanni Paolo II a conclusione dell'enciclica "Veritatis Splendor"; cf. EV 13(1991-1993), 2825-2829.

78 GIOVANNI PAOLO II, *Lettera enciclica "Redemptoris Mater"*, del 25 marzo 1987, in AAS 79(1987), 361-433; EV 10(1986-1987), 1272-1421.

79 *IBIDEM*, 1 e 3; EV 10(1986-1987), 1273 e 1278.

80 Cf. J. RATZINGER – H. U. VON BALTHASAR, *Maria il sì di Dio all'uomo. Introduzione e commento all'Enciclica Redemptoris Mater*, Queriniana, Brescia 1987, 41.

81 «*La struttura organica e dottrinale dell'enciclica, in qualche modo, si ispira a quella proposta dal Vaticano II nel capitolo VIII della Lumen Gentium...*»: in S. M. PERRELLA, *Ecco tua Madre (Gv 19,17). La madre di Gesù nel magistero di Giovanni Paolo II e nell'oggi della Chiesa e del mondo*,o.c., pp. 134-135.

Chiesa ha attuata nei secoli, con diverse focalizzazioni che la rendono quanto mai inedita ed efficace.

Nell'introduzione si specifica che: *«Nelle presenti riflessioni, tuttavia, mi riferisco soprattutto a quella "peregrinazione della fede", nella quale "la Beata Vergine avanzò", serbando fedelmente la sua unione con Cristo. In questo modo quel duplice legame, che unisce la Madre di Dio al Cristo e alla Chiesa, acquista un significato storico.»*[82] L'immagine del cammino, serve a Giovanni Paolo II per descrivere il processo evolutivo della fede della Chiesa che trova in Maria la "figura", il "modello", ma anche il suo "compimento escatologico": *«La sua eccezionale peregrinazione della fede rappresenta un costante punto di riferimento per la Chiesa, per i singoli e le comunità, per i popoli e le nazioni, in un certo senso per l'umanità intera.»*[83]

Nella prima parte, viene ripercorso il dato scritturistico, per far cogliere come da Maria nasce, per volontà del Padre, il Salvatore; e, sempre da Maria nasce, per volontà del Figlio, la Chiesa: *«Dunque, nell'economia della grazia, attuata sotto l'azione dello Spirito Santo, c'è una singolare corrispondenza tra il momento dell'incarnazione del Verbo e quello della nascita della Chiesa. La persona che unisce questi due momenti è Maria: Maria a Nazareth e Maria nel cenacolo di Gerusalemme. In entrambi i casi la sua presenza discreta, ma essenziale, indica la via della "nascita dallo Spirito". Così colei che è presente nel mistero di Cristo come madre, diventa - per volontà del Figlio e per opera dello Spirito Santo - presente nel mistero della Chiesa. Anche nella Chiesa continua ad essere una presenza materna, come indicano le parole pronunciate sulla Croce: "Donna, ecco il tuo figlio"; "Ecco la tua madre".»*[84]

Nella seconda parte, viene riletta la vita della Chiesa, sin dal suo sorgere nel cenacolo e lungo il corso dei secoli; questa vita di fede ecclesiale ha un punto di ancoraggio nella fede della Madre di Gesù: *«Perciò in qualche modo la fede di Maria, sulla base della testimonianza apostolica della Chiesa, diventa incessantemente la fede del popolo di Dio in cammino: delle persone e delle comunità, degli ambienti e delle assemblee, e infine dei vari gruppi esistenti nella Chiesa. È una fede che si trasmette ad un tempo mediante la conoscenza e il cuore; si acquista o riacquista continuamente mediante la preghiera.»*[85]

Infine, nella terza parte dell'enciclica, Giovanni Paolo II chiarisce e delimita il senso da dare alla mediazione di Maria nella storia della salvezza; Maria è sì mediatrice, ma in senso analogico;[86] la mediazione di Maria è intesa come partecipazione, in forma subalterna, all'azione di Cristo Salvatore, è una "*mediazione materna*" che si esercita nell'intercessione: *«La cooperazione di Maria partecipa, nel suo carattere subordinato, all'universalità della mediazione del Redentore, unico mediatore. ... In questo modo la maternità di Maria perdura incessantemente nella Chiesa come mediazione che intercede, e la Chiesa esprime la sua fede*

---

[82] GIOVANNI PAOLO II, *Lettera enciclica "Redemptoris Mater"*, 5; EV 10(1986-1987), 1283.

[83] *IBIDEM*, 6; EV 10(1986-1987), 1285.

[84] *IBIDEM*, 24; EV 10(1986-1987), 1340.

[85] *IBIDEM*, 28; EV 10(1986-1987), 1351.

[86] Secondo Perrella, Giovanni Paolo II attua come un "*superamento*" dell'insegnamento conciliare.

in questa verità invocando Maria "con i titoli di Avvocata, Ausiliatrice, Soccorritrice, Mediatrice".»[87]

Con questo atto magisteriale, Giovanni Paolo II dà un ulteriore input al rinnovamento della pietà popolare e alla riforma liturgica. Nello stesso anno, alla vigilia dell'Anno Santo Mariano del 1988, vengono pubblicate una raccolta di 46 "messe votive" della Beata Vergine Maria. Queste messe, con le orazioni, prefazi e con le letture bibliche scelte, esprimono la nuova visione teologica e spirituale della Chiesa postconciliare.

In sintesi, si può affermare che Maria, per tutte le vocazioni cristiane, è il modello a cui ispirarsi sia per la relazione con Dio in Cristo, sia per vivere la storia umana. Maria è una ineguagliabile icona di fedeltà a Dio, per la sua capacità di rispondere prontamente, per il suo ascolto meditativo della Parola, per saper leggere i segni dei tempi.

2.3. Benedetto XVI

Benedetto XVI consegna alla Chiesa, una articolata e approfondita riflessione teologica ed ecclesiologica su Maria. La riflessione di Benedetto XVI è fondata sul dato biblico, sui padri della Chiesa e sui documenti del Concilio Vaticano II. I temi conciliari vengono ripresentati con ricchezza di citazioni bibliche e patristiche. In tutti i suoi interventi e in tutte le sue catechesi, che hanno come oggetto Maria, concretizza una forma di attualizzazione della fede della Chiesa.[88]

Eletto al soglio di Pietro nell'aprile del 2005, incontra la Conferenza Episcopale Italiana, radunata per la sua annuale assemblea, il successivo 30 maggio e nel suo primo discorso ai vescovi italiani così si esprime: «*Nel contemplare il volto di Cristo, e in Cristo il volto del Padre, Maria Santissima ci precede, ci sostiene e ci accompagna. L'amore e la devozione per la Madre del Signore, tanto diffusi e radicati nel popolo italiano, sono un'eredità preziosa che dobbiamo sempre coltivare e una grande risorsa anche in vista dell'evangelizzazione.*»[89] Maria viene presentata come colei che precede e accompagna i cristiani nella contemplazione del mistero di Dio; i vescovi vengono invitati a "coltivare" la pietà popolare come via da percorrere per l'evangelizzazione.[90]

Nell'omelia, in occasione del quarantesimo anniversario della chiusura del Concilio Ecumenico Vaticano II, Benedetto XVI offre alla Chiesa una articolata e originale riflessione sul ruolo di Maria al Concilio, supportata dal racconto di alcune esperienze vissute personalmente. Attua una rilettura della dottrina conciliare a partire dalla identità di Maria. Siamo di fronte ad un "Padre della Chiesa" che espone la sua lucida testimonianza di fede, ricca di contenuti e di vita vissuta, una omelia/catechesi difficile da sintetizzare perché tutta

---

[87] GIOVANNI PAOLO II, *Lettera enciclica "Redemptoris Mater"*, 40; EV 10(1986-1987), 1381-1382.

[88] Cf. BENEDETTO XVI, *Maria Stella di speranza,* (a cura di G. VIGINI), San Paolo, Milano 2013. Il curatore raccoglie gli interventi attorno a tre tematiche: Madre di Dio, Madre della Chiesa e Preghiere a Maria.

[89] BENEDETTO XVI, Discorso "*Sono felice di incontrarvi*", del 30 maggio 2005; EV 23(2005-2006), 745.

[90] Questi stessi temi vengono ripresi da Benedetto XVI nel discorso di chiusura del Convegno Ecclesiale Nazionale a Verona il 19 ottobre 2006; cf. EV 23(2005-2006), 2364.

importante e tutta fondamentale: «*Una cornice mariana circonda il Concilio. In realtà, è molto di più di una cornice: è un orientamento dell'intero suo cammino. Ci rimanda, come rimandava allora i Padri del Concilio, all'immagine della Vergine in ascolto, che vive nella Parola di Dio, che serba nel suo cuore le parole che le vengono da Dio e, congiungendole come in un mosaico, impara a comprenderle (cfr Lc 2,19.51); ci rimanda alla grande Credente che, piena di fiducia, si mette nelle mani di Dio, abbandonandosi alla Sua volontà; ci rimanda all'umile Madre che, quando la missione del Figlio lo esige, si fa da parte e, al contempo, alla donna coraggiosa che, mentre i discepoli si danno alla fuga, sta sotto la croce. ... Resta indelebile nella mia memoria il momento in cui, sentendo le sue parole: "Mariam Sanctissimam declaramus Matrem Ecclesiae" – "dichiariamo Maria Santissima Madre della Chiesa", spontaneamente i Padri si alzarono di scatto dalle loro sedie e applaudirono in piedi, rendendo omaggio alla Madre di Dio, a nostra Madre, alla Madre della Chiesa. Di fatto, con questo titolo il Papa riassumeva la dottrina mariana del Concilio e dava la chiave per la sua comprensione.*»[91]

Nello sviluppo del discorso omiletico, il Papa teologo affronta il tema della indissolubile relazione tra Maria e la Chiesa, perché fondata sul rapporto materno tra Cristo e Maria: «*Maria è così intrecciata nel grande mistero della Chiesa che lei e la Chiesa sono inseparabili come sono inseparabili lei e Cristo. Maria rispecchia la Chiesa, la anticipa nella sua persona e, in tutte le turbolenze che affliggono la Chiesa sofferente e faticante, ne rimane sempre la stella della salvezza. È lei il suo vero centro di cui ci fidiamo, anche se tanto spesso la sua periferia ci pesa sull'anima. ... In Maria, l'Immacolata, incontriamo l'essenza della Chiesa in modo non deformato. Da lei dobbiamo imparare a diventare noi stessi "anime ecclesiali", così si esprimevano i Padri, per poter anche noi, secondo la parola di san Paolo, presentarci "immacolati" al cospetto del Signore, così come Egli ci ha voluto fin dal principio (Col 1,21; Ef 1,4).*»[92]

Un altro elemento su cui Benedetto XVI si ferma a riflettere è l'identità di Maria – Immacolata – che entra in relazione con la Chiesa che vive dentro una realtà di peccato personale e comunitario. Con una ricchezza di immagini bibliche esplicita e ricostruisce la promessa fatta da Dio subito dopo il peccato di Adamo: «*Ma ora dobbiamo chiederci: Che cosa significa "Maria, l'Immacolata"? Questo titolo ha qualcosa da dirci? La liturgia di oggi ci chiarisce il contenuto di questa parola in due grandi immagini. C'è innanzitutto il racconto meraviglioso dell'annuncio a Maria, la Vergine di Nazaret, della venuta del Messia. Il saluto dell'Angelo è intessuto di fili dell'Antico Testamento, specialmente del profeta Sofonia. Esso fa vedere che Maria, l'umile donna di provincia che proviene da una stirpe sacerdotale e porta in sé il grande patrimonio sacerdotale d'Israele, è "il santo resto" d'Israele a cui i profeti, in tutti i periodi di travagli e di tenebre, hanno fatto riferimento. In lei è presente la vera Sion, quella pura, la vivente dimora di Dio. In lei dimora il Signore, in lei trova il luogo del Suo riposo. Lei è la vivente casa di Dio, il quale non abita in edifici di pietra, ma nel cuore dell'uomo vivo. Lei è il germoglio che, nella buia notte invernale della storia, spunta dal tronco abbattuto di Davide. In lei si compie la parola del Salmo: "La terra ha dato il suo frutto" (67,7). Lei è il virgulto, dal quale deriva l'albero della redenzione e dei redenti. Dio*

---

[91] BENEDETTO XVI, Omelia "*Quarant'anni fa*", del 8 dicembre 2005, in AAS 98(2006), 14-19; EV 23(2005-2006), 1385-1393; qui 1385-1386.

[92] *IBIDEM*; EV 23(2005-2006), 1387.

non ha fallito, come poteva apparire già all'inizio della storia con Adamo ed Eva, o durante il periodo dell'esilio babilonese, e come nuovamente appariva al tempo di Maria quando Israele era diventato un popolo senza importanza in una regione occupata, con ben pochi segni riconoscibili della sua santità. Dio non ha fallito. ... La seconda immagine è molto più difficile ed oscura. Questa metafora tratta dal Libro della Genesi parla a noi da una grande distanza storica, e solo a fatica può essere chiarita; soltanto nel corso della storia è stato possibile sviluppare una comprensione più profonda di ciò che lì viene riferito. Viene predetto che durante tutta la storia continuerà la lotta tra l'uomo e il serpente, cioè tra l'uomo e le potenze del male e della morte. Viene però anche preannunciato che "la stirpe" della donna un giorno vincerà e schiaccerà la testa al serpente, alla morte; è preannunciato che la stirpe della donna – e in essa la donna e la madre stessa – vincerà e che così, mediante l'uomo, Dio vincerà. Se insieme con la Chiesa credente ed orante ci mettiamo in ascolto davanti a questo testo, allora possiamo cominciare a capire che cosa sia il peccato originale, il peccato ereditario, e anche che cosa sia la tutela da questo peccato ereditario, che cosa sia la redenzione.»[93]

In occasione dei 150 anni dalle apparizioni di Lourdes, Benedetto XVI ritorna a parlare di Maria Immacolata, "*come modello di totale abbandono alla volontà di Dio*", ponendola in relazione a Cristo, alla Chiesa e alla vita del Cristiano. Richiamandosi alla dottrina dei padri della Chiesa e al dato conciliare, papa Benedetto XVI esplicita il rapporto tra Maria e Cristo attorno al tema dell'Eucaristia: «*Non si può contemplare Maria senza essere attratti da Cristo e non si può guardare a Cristo senza avvertire subito la presenza di Maria. Esiste un legame inscindibile tra la Madre e il Figlio generato nel suo seno per opera dello Spirito Santo, e questo legame lo avvertiamo, in maniera misteriosa, nel sacramento dell'Eucaristia, come sin dai primi secoli i padri della Chiesa e i teologi hanno messo in luce.*»[94]

Nell'omelia fatto a Lourdes, il 14 settembre 2008, Benedetto XVI analizzando il dialogo tra Bernadette e la "Signora", dice: «*In effetti, è significativo che, al momento della prima apparizione a Bernadette, Maria introduca il suo incontro col segno della Croce. Più che un semplice segno, è un'iniziazione ai misteri della fede che Bernadette riceve da Maria. Il segno della Croce è in qualche modo la sintesi della nostra fede, perché ci dice quanto Dio ci ha amati; ci dice che, nel mondo, c'è un amore più forte della morte, più forte delle nostre debolezze e dei nostri peccati. La potenza dell'amore è più forte del male che ci minaccia. E' questo mistero dell'universalità dell'amore di Dio per gli uomini che Maria è venuta a rivelare qui, a Lourdes. Essa invita tutti gli uomini di buona volontà, tutti coloro che soffrono nel cuore o nel corpo, ad alzare gli occhi verso la Croce di Gesù per trovarvi la sorgente della vita, la sorgente della salvezza.*»[95]

Nella sua prima lettera enciclica, sulla identità dell'amore cristiano, Benedetto XVI, riecheggiando il Magnificat, "*ritratto della sua anima*", presenta Maria come Colei che "*eccelle*" in santità perché si pone a servizio di Dio nei fratelli, umile ancella del Signore, crede nelle promesse di Dio, vive di Parola di Dio, ama con lo stesso amore di Dio: «*non*

---

[93] *Ibidem*; EV 23(2005-2006), 1388-1389.

[94] Benedetto XVI, Messaggio *"L'11 febbraio per la XVI Giornata del Malato"*, del 2008; EV 25(2008), 24-25.

[95] Benedetto XVI, *Omelia*, in «L'Osservatore Romano», 15-16 settembre 2008, 5.

mettere se stessa al centro, ma fare spazio a Dio incontrato sia nella preghiera che nel servizio al prossimo — solo allora il mondo diventa buono. Maria è grande proprio perché non vuole rendere grande se stessa, ma Dio. Ella è umile: non vuole essere nient'altro che l'ancella del Signore (cfr Lc 1, 38. 48). Ella sa di contribuire alla salvezza del mondo non compiendo una sua opera, ma solo mettendosi a piena disposizione delle iniziative di Dio. È una donna di speranza: solo perché crede alle promesse di Dio e attende la salvezza di Israele, l'angelo può venire da lei e chiamarla al servizio decisivo di queste promesse. Essa è una donna di fede: «Beata sei tu che hai creduto», le dice Elisabetta (cfr Lc 1, 45). Il Magnificat — un ritratto, per così dire, della sua anima — è interamente tessuto di fili della Sacra Scrittura, di fili tratti dalla Parola di Dio. Così si rivela che lei nella Parola di Dio è veramente a casa sua, ne esce e vi rientra con naturalezza. Ella parla e pensa con la Parola di Dio; la Parola di Dio diventa parola sua, e la sua parola nasce dalla Parola di Dio. Così si rivela, inoltre, che i suoi pensieri sono in sintonia con i pensieri di Dio, che il suo volere è un volere insieme con Dio. Essendo intimamente penetrata dalla Parola di Dio, ella può diventare madre della Parola incarnata. Infine, Maria è una donna che ama. Come potrebbe essere diversamente? In quanto credente che nella fede pensa con i pensieri di Dio e vuole con la volontà di Dio, ella non può essere che una donna che ama. Noi lo intuiamo nei gesti silenziosi, di cui ci riferiscono i racconti evangelici dell'infanzia. Lo vediamo nella delicatezza, con la quale a Cana percepisce la necessità in cui versano gli sposi e la presenta a Gesù. Lo vediamo nell'umiltà con cui accetta di essere trascurata nel periodo della vita pubblica di Gesù, sapendo che il Figlio deve fondare una nuova famiglia e che l'ora della Madre arriverà soltanto nel momento della croce, che sarà la vera ora di Gesù (cfr Gv 2, 4; 13, 1). Allora, quando i discepoli saranno fuggiti, lei resterà sotto la croce (cfr Gv 19, 25-27); più tardi, nell'ora di Pentecoste, saranno loro a stringersi intorno a lei nell'attesa dello Spirito Santo (cfr At 1, 14).»[96]

Nell'enciclica "Spe Salvi", richiamando un inno del primo millennio, indica Maria come "stella" che guida gli uomini nel cammino della vita: «*La vita umana è un cammino. Verso quale meta? Come ne troviamo la strada? La vita è come un viaggio sul mare della storia, spesso oscuro ed in burrasca, un viaggio nel quale scrutiamo gli astri che ci indicano la rotta. Le vere stelle della nostra vita sono le persone che hanno saputo vivere rettamente. Esse sono luci di speranza. Certo, Gesù Cristo è la luce per antonomasia, il sole sorto sopra tutte le tenebre della storia. Ma per giungere fino a Lui abbiamo bisogno anche di luci vicine – di persone che donano luce traendola dalla sua luce ed offrono così orientamento per la nostra traversata. E quale persona potrebbe più di Maria essere per noi stella di speranza – lei che con il suo « sì » aprì a Dio stesso la porta del nostro mondo; lei che diventò la vivente Arca dell'Alleanza, in cui Dio si fece carne, divenne uno di noi, piantò la sua tenda in mezzo a*

96 BENEDETTO XVI, Lettera enciclica "*Deus caritas est*", del 25 dicembre 2005, in AAS 98(2006), 217-252; EV 23(2005-2006), 1538-1605; qui 1604. Gli stessi temi vengono ripresi nell'Esortazione apostolica postsinodale "*Sacramentum caritatis*", del 22 febbraio 2007, n. 33 e 96-97; EV 24(2007), 142-144; 225-226.

noi (cfr Gv 1,14)?»[97] A partire da questa riflessione elabora una bella e biblica preghiera che conclude l'enciclica sulla seconda virtù teologale.[98]

Nella esortazione postsinodale "Verbum Domini", Benedetto XVI indica Maria come il "luogo" dove la reciprocità tra Parola di Dio e fede si è compiuta perfettamente, al punto tale da incarnarsi. Papa Benedetto XVI, affida ai teologi un compito di ulteriore approfondimento, per fondare sia la vita spirituale del popolo di Dio sia gli studi teologici e biblici: *«È necessario nel nostro tempo che i fedeli vengano introdotti a scoprire meglio il legame tra Maria di Nazareth e l'ascolto credente della divina Parola. Esorto anche gli studiosi ad approfondire maggiormente il rapporto tra mariologia e teologia della Parola. Da ciò potrà venire grande beneficio sia per la vita spirituale che per gli studi teologici e biblici. Infatti, quanto l'intelligenza della fede ha tematizzato in relazione a Maria si colloca nel centro più intimo della verità cristiana. In realtà, l'incarnazione del Verbo non può essere pensata a prescindere dalla libertà di questa giovane donna che con il suo assenso coopera in modo decisivo all'ingresso dell'Eterno nel tempo. Ella è la figura della Chiesa in ascolto della Parola di Dio che in lei si fa carne. Maria è anche simbolo dell'apertura per Dio e per gli altri; ascolto attivo, che interiorizza, assimila, in cui la Parola diviene forma della vita.»*[99]

A cinquant'anni dall'apertura del Concilio Vaticano II, Benedetto XVI indice l'anno della fede, ed indica Maria come "stella della nuova evangelizzazione".[100] A conclusione del Sinodo sulla nuova evangelizzazione, i padri sinodali scrivono un messaggio al popolo di Dio, in cui il tema di Maria come stella della nuova evangelizzazione viene rilanciato ed approfondito: *«La figura di Maria ci orienta nel cammino. Questo cammino, come ci ha detto Benedetto XVI potrà apparirci un itinerario nel deserto; sappiamo di doverlo percorrere portando con noi l'essenziale: il dono dello Spirito, la compagnia di Gesù, la verità della sua parola, il pane eucaristico che ci nutre, la fraternità della comunione ecclesiale, lo slancio della carità. È l'acqua del pozzo che fa fiorire il deserto. E, come nella notte del deserto le stelle si fanno più luminose, così nel cielo del nostro cammino risplende con vigore la luce di Maria, la Stella della nuova evangelizzazione, a cui fiduciosi ci affidiamo.»*[101]

---

[97] BENEDETTO XVI, *Lettera enciclica "Spe Salvi"*, del 30 novembre 2007, n. 49, in AAS 99(2007), 985-1027; EV 24(2007), 1439-1488; qui 1487.

[98] Il tema di "Maria madre della speranza", viene ripreso da Papa Benedetto XVI, nel messaggio in occasione della XXIV Giornata mondiale della gioventù, del 22 febbraio 2009, in AAS 101(2009), 207-213; EV 26(2009-2010), 152-162.

[99] BENEDETTO XVI, *Esortazione apostolica postsinodale "Verbum Domini"*, del 30 settembre 2010, in AAS 102(2010), 681-787; EV 26(2009-2010), 2218-2433; qui 2268.

[100] Cf. BENEDETTO XVI, *Omelia "Apertura dell'anno della fede"*, del 11 ottobre 2012; EV 28(2012), 1499-1506.

[101] XIII ASSEMBLEA GENERALE ORDINARIA DEL SINODO DEI VESCOVI, *Messaggio "Grazia A voi"*, del 26 ottobre 2012; EV 28(2012), 1609-1660; qui 1660. Con questo titolo si chiude l'Esortazione postsinodale "Evangelii Gaudium"; cf. EV 29(2013), 2394-2396.

2.4. Francesco

Jorge Mario Bergoglio, che da papa ha assunto il nome del poverello di Assisi, Francesco, si è presentato, in quella sera del 13 marzo 2013, alla Chiesa e al mondo, come un vero credente, figlio del popolo di Dio, che invoca la benedizione di Dio e prega con le preghiere semplici di una famiglia cristiana.[102]

Il giorno dopo la sua elezione a vescovo di Roma, sente il bisogno di recarsi nella Basilica di Santa Maria Maggiore, primo tempio dedicato a Nostra Signora in occidente (432-439), per onorare la Vergine invocata come "Salus Populi Romani"; alle forze dell'ordine che volevano bloccare l'ingresso dei fedeli e dei turisti, per fare entrare il Papa, dice che Lui vuole recarsi davanti alla venerata immagine insieme a tutto il popolo di Dio, non da solo.[103]

Siamo ormai abituati a vederlo davanti a questa icona mariana, prima e dopo ogni viaggio apostolico, con i fiori in mano, per invocare benedizione e protezione o per ringraziare, sempre in mezzo al popolo di Dio; il suo sguardo fisso sull'icona, la sua postura ritta e solenne, il suo silenzio orante sono tutti elementi che comunicano più delle parole ed esprimono amore e fiducia alla Madre di Dio e della Chiesa. Tutti i linguaggi della comunicazione umana vengono da Francesco utilizzati per educare il popolo di Dio ad una sana ed ecclesiale devozione mariana.

Possiamo dire che da subito Papa Francesco inizia le sue catechesi mariane ed educa il popolo di Dio ad un amore vero senza sbavature, senza esagerazioni, senza fronzoli, ma non per questo freddo e anonimo. Una spiritualità semplice ed essenziale, che guarda alla Madonna come a colei che in modo esemplare ha vissuto tutte le dimensioni e le sfaccettature della fede cristiana.[104] Nel santuario di Madhu, la indica al popolo dello Sri Lanka, come colei che ha saputo perdonare gli uccisori del Figlio e quindi come modello di perdono per ricostruire la pace e l'unità.[105]

La prospettiva pastorale/educativa in Francesco non solo non viene mai meno, ma è preponderante e decisiva; i suoi non sono mai discorsi di circostanza, ma sempre indicazioni per vivere meglio e di più nella fede cristiana. Nell'omelia di inizio anno, per la Giornata della pace, del 1° gennaio 2018, Francesco dice: «*La devozione a Maria non è galateo spirituale, è un'esigenza della vita cristiana. Guardando alla Madre siamo incoraggiati a lasciare tante zavorre inutili e a ritrovare ciò che conta. Il dono della Madre, il dono di ogni*

---

[102] Per conoscere il contesto umano ed ecclesiale dentro cui ha vissuto e si è formato Jorge Mario Bergoglio cf. C. M. GALLI, *Cristo, Maria, la Chiesa e i popoli. La mariologia di papa Francesco*, Vaticana, Città del Vaticano 2017.

[103] Nell'omelia tenuta ad Aparecida, il 24 luglio del 2013, racconta l'esperienza che ha vissuto, insieme a tutti i vescovi latinoamericani, nella V Conferenza generale dell'America Latina e dei Caraibi, nel sentirsi «*incoraggiati, accompagnati e, in un certo senso, ispirati dalle migliaia di pellegrini che venivano ogni giorno ad affidare la loro vita alla Madonna...*»; EV 29(2013), 1398.

[104] I libri intervista che sono stati pubblicati in questo ultimo anno ne sono una testimonianza. Cf. PAPA FRANCESCO, *Ave Maria*, Rizzoli, Milano 2018; PAPA FRANCESCO IN DIALOGO CON ALEXANDRE AWI MELLO, *È mia madre. Incontri con Maria*, Città Nuova, Roma 2018.

[105] Cf. FRANCESCO, Discorso al santuario mariano di Madhu, del 14 gennaio 2015; EV 31(2015), 33-36. Nell'anno della misericordia innumerevoli volte Francesco fa appello all'esperienza di Maria per parlare del perdono come prima e ultima parola di Dio.

madre e di ogni donna è tanto prezioso per la Chiesa, che è madre e donna. E mentre l'uomo spesso astrae, afferma e impone idee, la donna, la madre, sa custodire, collegare nel cuore, vivificare. Perché la fede non si riduca solo a idea o a dottrina, abbiamo bisogno, tutti, di un cuore di madre, che sappia custodire la tenerezza di Dio e ascoltare i palpiti dell'uomo. La Madre, firma d'autore di Dio sull'umanità, custodisca quest'anno e porti la pace di suo Figlio nei cuori, nei nostri cuori, e nel mondo. E come figli, semplicemente, vi invito a salutarla oggi con il saluto dei cristiani di Efeso, davanti ai loro vescovi: "Santa Madre di Dio!".»[106]

La sua è la testimonianza di una relazione d'amore che sa essere intima ed ecclesiale, fondata teologicamente ma vissuta con la semplicità del credente popolare: «*Nella sua vita e nel suo ministero coniuga una grammatica della semplicità, che porta molta gente a dire: "il Papa è uno di noi, uno come noi". Prende i bambini nelle braccia, bacia gli ammalati, saluta tutti, benedice ognuno. È un segno della trasmissione della fede mediante una cultura affettiva, simbolica, gestuale e festiva, che rende manifesto lo stile latino-americano e caraibico.*»[107]

Il suo è un insegnamento che parte da una relazione d'amore vissuta in prima persona, che diviene preghiera personale e liturgica, ma anche catechesi, omelia, discorso programmato, e messaggio inviato. Ad Antonio Spadaro che lo intervista per la Civiltà Cattolica, in riferimento al sentire del popolo di Dio dice testualmente: «*E come con Maria: se si vuole sapere chi è, si chiede ai teologi; se si vuole sapere come la si ama, bisogna chiederlo al popolo. A sua volta, Maria amò Gesù con cuore di popolo, come leggiamo nel Magnificat.*»[108]

Nella sensibilità spirituale di papa Francesco, la Vergine ha la vocazione di rendere visibile la tenerezza di Dio verso il suo popolo; ai vescovi messicani, dentro la cattedrale della Città del Messico, dice testualmente: «*Anzitutto, la Vergine Morenita ci insegna che l'unica forza capace di conquistare il cuore degli uomini è la tenerezza di Dio. Ciò che incanta e attrae, ciò che piega e vince, ciò che apre e scioglie dalle catene non è la forza degli strumenti o la durezza della legge, bensì la debolezza onnipotente dell'amore divino, che è la forza irresistibile della sua dolcezza e la promessa irreversibile della sua misericordia.*»[109]

La vergine si fa "grembo" nel tempo e nella storia, non solo del Figlio di Dio, ma anche di ogni uomo che cerca protezione, sostegno, conforto, per generarlo ad una vita che abbia il sapore della santità. Maria è una madre sempre feconda e la Chiesa ad immagine di Maria è chiamata ad essere feconda; la loro fecondità scaturisce dalla fedeltà al Vangelo: «*la fecondità della Chiesa genera figli con la forza della fede, con la fede di Maria che diede alla luce il verbo della vita. La maternità passa attraverso la fecondità paradossale del Vangelo*»[110]

---

[106] FRANCESCO, *Omelia*, in «L'Osservatore Romano» del 2-3 gennaio 2018, 8.

[107] C. M. GALLI, *Cristo, Maria, la Chiesa e i popoli. La mariologia di papa Francesco, o.c.*, p. 40.

[108] A. SPADARO, *Intervista a Papa Francesco*, in «La Civiltà Cattolica» 3918(2013), pp. 449-477; qui p. 459.

[109] FRANCESCO, *discorso ai vescovi del Messico*, del 13 febbraio 2016.

[110] C. M. GALLI, *Cristo, Maria, la Chiesa e i popoli. La mariologia di papa Francesco, o.c.*, p. 95.

La fonte per ricostruire il pensiero di Papa Francesco è il suo documento programmatico, "Evangelii Gaudium", dentro cui si trovano anche le sue idee sulla pietà popolare e sul compito educativo della Chiesa.[111]

Per Francesco, la pietà popolare ha una valenza teologica molto grande, che non può essere né sottovalutata né misconosciuta, è il modo del popolo di evangelizzare se stesso inculturando la propria comprensione del Vangelo, sotto la spinta dello Spirito; Francesco la indica come una via privilegiata, «*un luogo teologico*», «*frutto del Vangelo inculturato*», «*nella pietà popolare si può cogliere la modalità in cui la fede ricevuta si è incarnata in una cultura e continua a trasmettersi.*»[112]

Dal punto di vista dell'evangelizzazione, nella conclusione dell'Evangelii Gaudium, Maria viene presentata come modello esemplare per la chiesa di tutti i tempi; Maria è colei che può comprendere e sostenere i poveri e gli abbandonati, colei che cerca con umiltà e forza la giustizia, colei che ha fiuto e sa riconoscere la presenza misteriosa, feriale o straordinaria, di Dio: «*Vi è uno stile mariano nell'attività evangelizzatrice della Chiesa. Perché ogni volta che guardiamo a Maria torniamo a credere nella forza rivoluzionaria della tenerezza e dell'affetto. In lei vediamo che l'umiltà e la tenerezza non sono virtù dei deboli ma dei forti, che non hanno bisogno di maltrattare gli altri per sentirsi importanti. Guardando a lei scopriamo che colei che lodava Dio perché «ha rovesciato i potenti dai troni» e « ha rimandato i ricchi a mani vuote» (Lc 1,52.53) è la stessa che assicura calore domestico alla nostra ricerca di giustizia. È anche colei che conserva premurosamente «tutte queste cose, meditandole nel suo cuore» (Lc 2,19). Maria sa riconoscere le orme dello Spirito di Dio nei grandi avvenimenti ed anche in quelli che sembrano impercettibili. È contemplativa del mistero di Dio nel mondo, nella storia e nella vita quotidiana di ciascuno e di tutti. È la donna orante e lavoratrice a Nazaret, ed è anche nostra Signora della premura, colei che parte dal suo villaggio per aiutare gli altri «senza indugio» (Lc 1,39). Questa dinamica di giustizia e di tenerezza, di contemplazione e di cammino verso gli altri, è ciò che fa di lei un modello ecclesiale per l'evangelizzazione.*»[113]

Francesco, riportando quanto scrive il Beato Isacco della Stella, passa da Maria alla Chiesa e dalla Chiesa a Maria, non identificandole ma nemmeno separandole, entrambe ci permetto di accedere al Cristo totale: «*L'intima connessione tra Maria, la Chiesa e ciascun fedele, in quanto, in modi diversi, generano Cristo, è stata magnificamente espressa dal Beato Isacco della Stella: "Nelle Scritture divinamente ispirate, quello che si intende in generale della Chiesa, vergine e madre, si intende in particolare della Vergine Maria [...] Si può parimenti dire che ciascuna anima fedele è sposa del Verbo di Dio, madre di Cristo, figlia e sorella, vergine e madre feconda [...]. Cristo rimase nove mesi nel seno di Maria,*

[111] Cf. FRANCESCO, *Esortazione postsinodale "Evangelii Gaudium"*, del 24 novembre 2013, 122-129, in AAS 105(2013), 1019-1137; EV 29(2013), 2104-2396; qui 2228-2235. Per una lettura teologico pastorale cf. G. ALCAMO (a cura di), *La Catechesi educa alla gioia evangelica. Riflessioni teologico-pastorali a partire dall'Esortazione Evangelii Gaudium,* Paoline, Milano 2014.

[112] FRANCESCO, *Esortazione postsinodale "Evangelii Gaudium"*, o.c., 126 e 123; EV 29(2013), 2232 e 2229.

[113] *IBIDEM*, 288; EV 29(2013), 2395.

rimarrà nel tabernacolo della fede della Chiesa fino alla consumazione dei secoli; e, nella conoscenza e nell'amore dell'anima fedele, per i secoli dei secoli"»[114]

Ad una visione organizzativa e strutturale della Chiesa, Francesco, riecheggiando il pensiero di alcuni teologi che hanno dato un decisivo apporto al Vaticano II, contrappone una visione materna e filiale, con lo sguardo rivolto verso le periferie e i poveri;[115] Maria e la Chiesa sono "*una madre dal cuore aperto*"; una casa di famiglia dalle porte sempre aperte, per poter accogliere i suoi figli tutte le volte che lo desiderano. Francesco parla e sogna una Chiesa contemplata alla luce della maternità di Maria.[116] Nella maternità ecclesiale si rivela il costitutivo volto mariano della Chiesa. Da Maria, la Chiesa impara l'arte della maternità e della cura dei suoi figli.[117]

L'enciclica "Lumen fidei", scritta a quattro mani perchè iniziata da Benedetto XVI e promulgata da Francesco, si conclude con un riferimento a Maria dentro la storia della Salvezza.[118] La luce della fede, che viene introdotta da Maria dentro la storia attraverso il mistero dell'incarnazione, è fonte di gioia per quanti l'accolgono. Maria, in continuità con i padri e le madri dell'Antico Testamento, si mette in pellegrinaggio alla sequela del Figlio e si lascia trasformare da Lui. In Maria la fede è cammino oltre che luce, trasformazione oltre che stabilità. Francesco ama contemplare la Madre di Dio in cammino dentro l'umanità, come paradigma della Chiesa in cammino nella storia verso l'escaton. Al santuario di Cobre, meditando la visita alla cugina Elisabetta, dice: « *Il Vangelo ci dice che Maria uscì in fretta, passo lento ma costante, passi che sanno dove andare; passi che non corrono per "arrivare" troppo rapidamente o vanno troppo lenti come per non "arrivare" mai. Né agitata né addormentata, Maria va di fretta, per accompagnare sua cugina incinta in età avanzata. Maria, la prima discepola, visitata è uscita a visitare. E da quel primo giorno è sempre stata la sua caratteristica peculiare. E' stata la donna che ha visitato tanti uomini e donne, bambini e anziani, giovani. Ha saputo visitare e accompagnare nelle drammatiche gestazioni di molti dei nostri popoli; ha protetto la lotta di tutti coloro che hanno sofferto per difendere i diritti dei loro figli. E ora, Lei non cessa di portarci la Parola di vita, suo Figlio, nostro Signore.*»[119]

Dal punto di vista liturgico, papa Francesco, con decreto della Congregazione del culto divino e la disciplina dei sacramenti, dell'11 febbraio 2018, decreta l'iscrizione, nel Calendario Romano Generale, della memoria della maternità spirituale di Maria verso la

---

[114] *IBIDEM,* 285; EV 29(2013), 2392.

[115] Cf. Y. CONGAR, *Vera e falsa riforma della Chiesa,* Jaca Book, Milano 2015.

[116] Cf. H. M. DE LUBAC, *Meditazioni sulla Chiesa,* Jaca Book, Milano 1979, pp. 221-265.

[117] Cf. FRANCESCO, *Esortazione postsinodale "Evangelii Gaudium",* o.c., 46-49; EV 29(2013), 2152-2155. Per una presentazione completa della relazione tra Maria e la Chiesa cf. G. GRESHAKE, *Maria- Ecclesia. Prospettive di una teologia e una prassi ecclesiale fondata in senso mariano,*o.c., pp. 430-482.

[118] Cf. FRANCESCO, *Lettera enciclica "Lumen Fidei",* del 29 giugno 2013, 58-60, in AAS 105(2013), 555-596; EV 29(2013), 960-1041; qui 1038-1041.

[119] FRANCESCO, *Omelia nel santuario della Vergine della carità del Cobre a Santiago di Cuba,* del 22 settembre 2015, in AAS 107(2015), 1003-1005; EV 31(2015), 1399-1404; qui 1400.

Chiesa.[120] Nell'intenzione di papa Francesco, con questo decreto viene a concludersi un cammino iniziato con Paolo VI al tempo del Vaticano II e maturato progressivamente dentro le Chiese nazionali e locali.[121]

Alla Commissione Teologica Internazionale, radunata all'inizio del nuovo quinquennio, a Roma dal 1 al 5 dicembre 20014, Francesco parla di Maria in termini accorati, in riferimento alla Chiesa nella sua totalità e alla vita della gente, e la indica come "maestra dell'autentica teologia": «*La Vergine Immacolata, come testimone privilegiata dei grandi eventi della storia della salvezza, "custodiva tutte queste cose, meditandole nel suo cuore" (Lc 2,19): Donna dell'ascolto, donna della contemplazione, donna della vicinanza ai problemi della Chiesa e della gente. Sotto la guida dello Spirito Santo e con tutte le risorse del suo genio femminile, Ella non ha smesso di entrare sempre più in "tutta la verità" (cfr Gv 16,13). Maria è così l'icona della Chiesa la quale, nell'impaziente attesa del suo Signore, progredisce, giorno dopo giorno, nell'intelligenza della fede, grazie anche al lavoro paziente dei teologi e delle teologhe. La Madonna, maestra dell'autentica teologia, ci ottenga, con la sua materna preghiera, che la nostra carità "cresca sempre più in conoscenza e in pieno discernimento" (Fil 1,9-10).*»[122]

Nell'apertura del Giubileo della misericordia, Francesco parla di Maria come di una testimone privilegiata del compimento della promessa; in lei, in quanto Immacolata, Dio non è solo colui che perdona il peccato dell'uomo, ma l'amore che previene, anticipa e salva, tanto da permetterle di compiere "*un atto talmente grande da cambiare la storia dell'umanità*".[123]

3. Il culto a Maria

Papa Francesco ama dire: quando vuoi sapere ciò che crede la madre Chiesa, vai dal Magistero, perché esso ha il compito di insegnarlo infallibilmente; ma, quando vuoi sapere come crede la Chiesa, vai dal popolo fedele, perché il popolo ha "un'anima" che esprime in modo soggettivo la fede della Chiesa.[124]

Con il termine "culto" [125] intendo prendere in esame la soggettività del popolo di Dio, cioè, il modo concreto come il popolo di Dio vive il suo rapporto con questa Madre, che ha ricevuto in dono da Cristo nel calvario, prima che tutto sia compiuto per emettere lo Spirito.

---

[120] Cf. CONGREGAZIONE DEL CULTO DIVINO E DISCIPLINA DEI SACRAMENTI, *Decreto "Sulla celebrazione della Beata Vergine Maria Madre della Chiesa nel Calendario Romano Generale"*, del 3 marzo 2018, in «L'Osservatore Romano» del 4 marzo 2018.

[121] Per una ricostruzione dettagliata di come il titolo di "Maria Madre della Chiesa" sia stato recepito dal punto di vista liturgico dentro la Chiesa cf. C. MAGGIONI, *Madre della Chiesa,* in «L'Osservatore Romano» del 18 maggio 2018, p. 4.

[122] FRANCESCO, *Discorso "Vi incontro con piacere"*, del 5 dicembre 2014; EV 30(2014), 1982.

[123] FRANCESCO, *Omelia apertura del giubileo della misericordia*, del 8 dicembre 2015, in AAS 108(2016), 7s; EV 31(2016), 2016-2019.

[124] Cf. J. L. NARVAJA, *Miguel Angel Fiorito. Una riflessione sulla religiosità popolare nell'ambiente di Jorge Mario Bergoglio,* in «La Civiltà Cattolica» 4027(2018) II, pp. 18-29.

[125] In riferimento a Maria si utilizzano i termini "culto", "spiritualità", "pietà", "religiosità" e "devozione" come sinonimi.

(cfr. Gv 19,25-30) In quel luogo di dolore umano, Cristo crocifisso ci dà Maria, sua madre, come nostra madre e da quel giorno il discepolo, ogni discepolo, la prende con sé. Nel discepolo che Gesù ama è la Chiesa che riceve il dono della maternità di Maria.

In questo paragrafo, desidero esplicitare il modo concreto con cui i vincoli di amore tra la madre e i figli, dentro la Chiesa, vengono coltivati, vissuti, esplicitati, celebrati. Si tratta di delineare la "mens" della Chiesa cattolica in riferimento al culto a Maria, liberandolo da tutto ciò che è stortura o esagerazione e facendo emergere la bellezza di una relazione familiare che ha i connotati della maternità e della figliolanza.

In uno dei primi testi che costituiscono il Nuovo Testamento, la lettera ai Galati, il processo dell'incarnazione chiama in causa, sia il mistero della Trinità sia la "donna" che ha collaborato liberamente e decisamente con Dio: «*Il passaggio del Figlio unigenito, che si è fatto uomo, attraverso questa generazione, rivela un tratto del coinvolgimento di Dio con la forma umana del "venire al mondo", che dovrebbe ispirare ancora più profondamente il pensiero umano dell'intimità di Dio e della sua affezione per i figli dell'uomo. Di questa ispirazione, la Madre del Signore è il riferimento insostituibile e l'inesauribile sorgente.*»[126]

Nell'incarnazione il sì di Maria rappresenta la cooperazione umana ed ecclesiale con l'agire divino. Sin dall'inizio la Chiesa ha maturato la consapevolezza che non solo non poteva tralasciare la "Madre" che ha reso possibile il piano divino, ma a Lei doveva tributare un culto del tutto speciale ed unico. Questa consapevolezza non si fonda sui privilegi dati a Maria o sui meriti da essa acquisiti, bensì sulla stessa volontà di Dio che l'ha scelta a collaborare con Lui per il suo piano di salvezza in favore dell'intera umanità.

I discepoli di Cristo hanno portato, da un capo all'altro della terra, non solo il Vangelo ma anche la memoria della Madre di Gesù perché, nella storia dell'evangelizzazione, Maria è parte integrante della fede accolta e trasmessa. Maria è di fatto la compagna e la madre degli evangelizzatori di ogni tempo, ma anche la "via" che la Chiesa percorre, perché è la stessa "via" che Dio ha percorso per arrivare a noi.

La Chiesa apostolica ha avuto chiara la consapevolezza che nella vita di Maria si compie una forma peculiare di esegesi biblica che rivela il "sensus plenior" dell'attesa del popolo eletto. Il Magnificat è una testimonianza esplicita di questa consapevolezza ecclesiale. Maria si trova ad essere contemporaneamente Colei che professa la fede del pio israelita, ma anche Colei che accoglie pienamente il novum della rivelazione di Gesù Cristo.

Lei vive in attesa del compimento delle promesse fatte ai padri, ma anche nella pienezza del compimento vissuto in Cristo. In Lei, l'attesa e il compimento coincidono. L'esperienza della fede ebraica e della fede cristiana trovano in Lei un punto di sintesi. La fede di Maria nasce e cresce nella fede del popolo di Dio, che ha riconosciuto in Gesù di Nazareth il compimento delle promesse fatte ai padri.[127]

---

[126] COMMISSIONE TEOLOGICA INTERNAZIONALE, *Documento "Dio Trinità, unità degli uomini. Il monoteismo cristiano contro la violenza"*, del 17 gennaio 2014, in EV 30(2014), 50-160; qui 118.

[127] Cf. A. SERRA, *Maria nelle sacre Scrittura. Testi e commenti in riferimento all'incarnazione e alla resurrezione del Signore*, Servitium, Milano 2016.

Per la Chiesa, il sentiero da percorrere, in fedeltà al suo Maestro, è lo stesso sentiero che ha percorso Maria, come madre e come discepola, colei che in continuità con Abramo, vive di fede e di speranza: «*La Chiesa è chiamata a imitare la Madre di Dio nella fecondità della vita di fede, nella misericordia materna, nel servizio generoso, espressioni tutte del suo essere profondo di Madre della grazia, icona materna della gratuità irradiante del Padre. Nella Madre di Dio la Chiesa riconosce il suo archetipo di popolo plasmato nella carità (Ecclesia caritate formate), chiamato a generare figli di Dio soprattutto attraverso i segni della sollecitudine, dell'accoglienza, della pazienza e della perseveranza nell'amore.*»[128]

Possiamo dire con Gisbert Greshake, «*Se Maria è la credente per antonomasia, lei deve essere anche il criterio del modo in cui si vive la fede della Chiesa. Se lei è la Chiesa in persona, tutti gli aspetti della vita della Chiesa devono trovare in lei il loro orientamento.*»[129]

3.1. L'"oggi" della fede

L'esperienza cristiana è essenzialmente dinamica, precede ed è più ricca e complessa della riflessione teologica, nasce a partire dalla Tradizione apostolica e lungo il corso dei secoli ha assunto configurazioni sempre nuove. Prima avviene l'esperienza come evento dell'incontro con Dio e poi la sua obiettivizzazione.

La fede è sempre un'esperienza vissuta a partire da come Dio stesso dona la grazia di viverla. In questa luce, la fede cristiana viene compresa solo dopo che è stata vissuta, o per meglio dire, inizia ad essere compresa mentre viene vissuta; l'esperienza concreta della fede, vissuta personalmente e dentro una comunità ecclesiale, è l'habitat che permette di avere una comprensione, che è sempre una ricomprensione di quanto si ha avuto la grazia di sperimentare.

La fede è vissuta non in modo astratto e teorico, ma dentro i contesti concreti della vita di colui che la vive; Dio stesso fa irruzione e dà un senso "altro" a quello che l'uomo sta vivendo. Si può dire che la fede ha bisogno di un processo di incarnazione, dentro il tempo e dentro la vita della comunità e dei singoli, senza per questo perdere la sua oggettività.

"L'oggi" in cui la fede è vissuta non è mai un fatto accidentale, ma qualcosa di determinante, direi quasi qualcosa di "epistemologico", perché indica le visioni del mondo, i linguaggi, i sistemi culturali, le tendenze e persino le mode, con cui deve confrontarsi una comunità che vive ed annuncia il Vangelo.

Mentre, nella liturgia "l'oggi" è quello di Cristo risorto, permanentemente presente, senza tramonto, compimento pieno della salvezza; nell'esperienza della vita cristiana non liturgica "l'oggi" è qualcosa di diverso, è quello dell'uomo, sempre in mutamento, da prendere in considerazione per trovare le giuste e adeguate modalità, che possono essere inedite rispetto ad un passato anche non molto lontano.

---

128 B. FORTE, *Maria, la donna icona del mistero. Saggio di mariologia simbolico-narrativa,* o.c., p. 214.

129 G. GRESHAKE, *Maria- Ecclesia. Prospettive di una teologia e una prassi ecclesiale fondata in senso mariano,*o.c., p. 21.

Quando si celebrano i misteri della fede si entra "nell'oggi" eterno di Cristo, quando si vive e si annuncia lo stesso mistero di fede fuori dal contesto liturgico bisogna entrare "nell'oggi" cangiante dell'uomo. Questi due piani della stessa fede, sono distinti ma non divisi e non vanno confusi.

Questo significa che l'esperienza di fede "nell'oggi" richiede una forma di elasticità mentale, ma anche un'azione operativa sempre in evoluzione, per comprenderla e viverla senza anacronismi; a causa dell'"oggi" il cammino della fede non è mai un film già visto, non può mai irrigidirsi su schemi precostituiti, non può percorrere sempre lo stesso sentiero, deve continuamente reinventarsi.

In relazione a Maria questa è stata un'operazione necessaria che il Concilio ha compiuto e che affida alla Chiesa di tutti i tempi: liberare da tutte le incrostazioni storiche, del superfluo e del marginale, per far emergere con forza l'essenziale. Il culto a Maria ha trovato nella concreta vita del popolo di Dio una multiforme espressione che, se da una parte non può essere tralasciata, dall'altra richiede continua cura, purificazione, risignificazione.

In riferimento a Giovanni Paolo II, ma può essere esteso a tutto il dato magisteriale, Salvatore M. Perrella scrive: «*Nei numerosissimi interventi magisteriali espressi in oltre ventisei anni di pontificato, Maria è stata vista, tra l'altro, da Giovanni Paolo II come icona e presenza nella Chiesa di Cristo in cammino nel tempo e verso l'eternità. Icona e presenza da Cristo stesso donate per la sua Chiesa e che le comunità dei discepoli devono accogliere con animo riconoscente, in quanto Maria, in Cristo e nello Spirito, è creaturale ed esemplare via che conduce al Padre.*»[130]

Maria diventa per noi, oggi, in qualche modo, Colei che testimonia ed invita ad accogliere una rivelazione "nuova" di Dio; l'aggettivo "nuovo" non è da attribuire ai contenuti della fede, bensì alle modalità e alle persone che accolgono la rivelazione. Dentro la storia e dentro la complessa vita dell'uomo, Maria ci dice che l'incontro con Dio non solo è possibile, ma è sempre qualcosa di inedito, che sorprende e che apre prospettive, che l'uomo da solo non potrebbe mai immaginare e vivere.

Nel celebrare il proprio culto a Maria, o ai Santi, la Chiesa deve essere capace di esprimere la vita che il popolo sta vivendo, con tutte le difficoltà e la complessità che essa porta in seno. Un culto che non sia arroccato al passato, ma attento al presente ed aperto al futuro. Fuori da questo dinamismo il culto che viene tributato a Maria o ai Santi non vive del respiro della fede della Chiesa.

3.2. La vita del popolo di Dio

La Dei Verbum ha messo in grande risalto la natura storica della Chiesa, affermando che nella comprensione della Tradizione vi è un crescendo, quando viene annunciata nel modo in cui i fedeli vivono e contemplano i misteri della fede: «*Questa Tradizione di origine apostolica progredisce nella Chiesa con l'assistenza dello Spirito Santo: cresce infatti la comprensione, tanto delle cose quanto delle parole trasmesse, sia con la contemplazione e lo*

---

[130] S. M. PERRELLA, *Ecco tua Madre (Gv 19,17). La madre di Gesù nel magistero di Giovanni Paolo II e nell'oggi della Chiesa e del mondo*, o.c., p. 309.

studio dei credenti che le meditano in cuor loro (cfr. Lc 2,19 e 51), sia con la intelligenza data da una più profonda esperienza delle cose spirituali, sia per la predicazione di coloro i quali con la successione episcopale hanno ricevuto un carisma sicuro di verità. Così la Chiesa nel corso dei secoli tende incessantemente alla pienezza della verità divina, finché in essa vengano a compimento le parole di Dio.»[131]

Il Concilio ritiene che l'esperienza spirituale dei fedeli, la storia vissuta della Chiesa è determinante per l'annuncio della fede, per l'approfondimento spirituale e per l'elaborazione teologica. Così come la Rivelazione si dà nella storia, la sua comprensione avviene, in un crescendo, dentro la storia. Inoltre, la comprensione della Rivelazione dentro la Chiesa avviene in relazione alla dinamica dell'annuncio; nel condividere con gli altri la propria fede, la Chiesa comprende meglio il mistero che l'avvolge e che sta all'origine della sua identità.[132]

L'habitat del messaggio di Gesù Cristo è la vita del popolo; l'evangelizzazione non può avvenire "dal di fuori della vita" del popolo, ma "dal di dentro" della storia e del tempo: «*Il dono di Dio si manifesta nella storia, con i suoi mutamenti e i suoi rivolgimenti, e non contro di essi. Comprendere la continuità della storia di Dio attraverso la storia del peccato e delle grandezze degli uomini è il nostro compito di credenti.»*[133]

Paolo VI, nella Evangelii Nuntiandi, denunciava il pericolo di una evangelizzazione superficiale e non incisiva, se il Vangelo rimane un elemento esterno al pensare e al vivere quotidiano: «*occorre evangelizzare - non in maniera decorativa, a somiglianza di vernice superficiale, ma in modo vitale, in profondità e fino alle radici - la cultura e le culture dell'uomo, nel senso ricco ed esteso che questi termini hanno nella Costituzione "Gaudium et Spes", partendo sempre dalla persona e tornando sempre ai rapporti delle persone tra loro e con Dio.»*[134]

L'evangelizzazione per essere autentica deve anche inculturarsi attraverso un processo dialogico con il popolo che vive in un determinato territorio, facendo sue tutte le realtà positive di quel popolo e cogliendo in esse la presenza preveniente dello Spirito che precede sempre l'azione della Chiesa. Questo processo di inculturazione, per la Chiesa, non può essere una semplice azione di adattamento culturale, quanto una riscoperta gioiosa che lo Spirito, ancora oggi, non solo accompagna la Chiesa, ma la precede e prepara il terreno per l'annuncio fruttuoso del Vangelo. Papa Francesco, nell'Evangelii Gaudium, ampliando quanto nella Gaudium et Spes viene detto, arriva ad affermare che «*la grazia suppone la cultura, e il dono di Dio si incarna nella cultura di chi lo riceve*»[135]

Questo significa che tutta la riflessione teologica e ancor più la catechesi o la pietà popolare non può nascere e svilupparsi a tavolino su formule astratte e su discorsi filosofici, ma dentro la vita del popolo di Dio, perché "la realtà è superiore all'idea", ma anche più

---

[131] DV 8.

[132] Cf. TH. P. RAUSCH, *La dottrina al servizio della missione della Chiesa*, in «La Civiltà Cattolica» 3981(2016) II, pp. 223-236.

[133] G. RUGGERI, *Chiesa sinodale*, Edizione Laterza, Bari-Roma 2017, p. 27.

[134] PAOLO VI, *Esortazione apostolica* "Evangelii Nuntiandi", del 8 dicembre 1975, 20, in AAS 68(1976)5-76; EV 5(1974-1976), 1588-1716; qui 1612.

[135] FRANCESCO, *Esortazione apostolica "Evangelii Gaudium*", o.c., 115; EV 29(2013), 2221.

complessa ed articolata.[136] Man mano che la Chiesa vive il mistero di Dio la comprensione della dottrina si sviluppa, la sua capacità di annuncio si affina e la sua religiosità si incarna sempre più; la vita precede l'intelligenza della fede e quest'ultima è sempre legata alla vita concreta del popolo di Dio.

Per questo, già Yves Congar affermava che per una vera riforma: «*la Chiesa deve dunque svilupparsi e progredire nel mondo, con il mondo... seguire lo sviluppo incessante e polimorfo di una umanità in perpetua crescita, in perpetua invenzione di forme e situazioni nuove. La Chiesa avanza sulla scia stessa degli uomini.*»[137]

In tempi a noi più vicini, rispetto all'immediato postconcilio, la Commissione Teologica Internazionale nel 2012 ha pubblicato uno studio sul tema "*La teologia oggi: prospettive, principi e criteri*";[138] nel terzo paragrafo del secondo capitolo, ai numeri 33-35 sviluppa il tema del "sensus fidelium". Due anni dopo, nel 2014, in un ulteriore studio, dal titolo "*Il sensus fidei nella vita della Chiesa*",[139] la Commissione Teologica Internazionale si propone di offrire i criteri per discernere il sensus fidelium autentico e scartare le contraffazioni.

Reputo utile sintetizzare brevemente questi due studi, perché risultano essere punti di non ritorno per una giusta comprensione della fede del popolo di Dio. Faccio notare che i due documenti sono stati pubblicati a cavallo dell'Esortazione postsinodale sulla Nuova Evangelizzazione "Evangelii Gaudium", che si presenta anche e soprattutto come una sorta di documento programmatico del ministero di papa Francesco. Dall'insieme dei due studi e dell'Evangelii Gaudium traspare un rinnovato amore alla Chiesa nelle sue diverse articolazioni e una rinnovata consapevolezza delle diverse ma comuni responsabilità.

Nel documento del 2012, la Commissione, richiamando quanto Paolo dice ai Tessalonicesi nella sua prima lettera - «*Proprio per questo anche noi ringraziamo Dio continuamente, perché, avendo ricevuto da noi la parola divina della predicazione, l'avete accolta non quale parola di uomini, ma, come è veramente, quale parola di Dio, che opera in voi che credete*» (I Ts 2,13) - scrive: «*Queste parole illustrano quello che il Concilio Vaticano II ha definito "il senso soprannaturale della fede [sensus fidei] di tutto il popolo"(LG12), e la "profonda esperienza delle cose spirituali"(DV8) da parte dei fedeli, ossia il sensus fidelium. Soggetto della fede è il popolo di Dio nel suo insieme, che nella potenza dello Spirito afferma la Parola di Dio.*»[140]

I pastori, i teologi, i catechisti, gli educatori, tutti coloro che hanno ricevuto la vocazione di accompagnare, a diverso titolo, il popolo nella comprensione della propria fede, possono assolvere questa vocazione perché essi stessi membri del popolo di Dio. Soggetto della fede della Chiesa è il popolo di Dio nella sua totalità: «*Il sensus fidelium è il sensus*

---

[136] Cf. IBIDEM, 231-232; EV 29(2013), 2337-2338.

[137] Y. CONGAR, *Vera e falsa riforma nella Chiesa*, Jaca Book, Milano 2015, p. 133.

[138] Cf. COMMISSIONE TEOLOGICA INTERNAZIONALE, *Documento "La teologia oggi: prospettive principi e criteri*", del 8 maggio 2012; EV 28(2012), 514-613.

[139] Cf. COMMISSIONE TEOLOGICA INTERNAZIONALE, *Il sensus fidei nella vita della Chiesa*, del 10 giugno 2014. Il documento non è stato pubblicato sull'Enchiridion Vaticanum.

[140] COMMISSIONE TEOLOGICA INTERNAZIONALE, *Documento "La teologia oggi: prospettive principi e criteri*", o.c., 33; EV 28 (2012), 546.

fidei del popolo di Dio nella sua totalità, obbediente alla Parola di Dio e guidato dai suoi pastori lungo le vie della fede. Il sensus fidelium è quindi il senso della fede profondamente radicato nel popolo di Dio che riceve, comprende e vive la parola di Dio nella Chiesa.»[141]

La stessa Commissione Teologica Internazionale, nel documento del 2014, afferma che la cultura del popolo ha la sapienza e le categorie adeguate per una evangelizzazione efficace ed incisiva, perché mette in campo una conoscenza affettiva di Dio, e non solo speculativa, quella che Tommaso definisce "conoscenza per connaturalità": « *i fedeli possiedono un istinto per la verità del Vangelo, che permette loro di riconoscere la dottrina e le prassi cristiane autentiche e di aderirvi. Questo istinto soprannaturale, che ha un legame intrinseco con il dono della fede ricevuto nella comunione ecclesiale, è chiamato sensus fidei, e permette ai cristiani di rispondere alla propria vocazione profetica.* » (n.2; cf. n. 49-50)

Il sensus fidei è un "istinto spirituale" che permette di acquisire una conoscenza diversa dalla conoscenza speculativa ed oggettiva, è una conoscenza per "*empatia o una conoscenza del cuore*" . Si tratta di pensare il sapere teologico come *theologia cordis*, capace di coniugare la ricerca scientifica con la vita concreta, l'ascolto della Parola e la celebrazione del Memoriale con le scelte storiche che ogni giorno la Chiesa è chiamata a compiere, per vivere dentro il cono dell'amore di Dio.

In riferimento alla pietà popolare, si tratta di accompagnare il popolo ad acquisire uno stile di vita confacente alla propria fede. Si chiede alla Chiesa un'azione educativa di accompagnamento e di sostengo, ma anche di purificazione e di illuminazione.

Questo rende contemporaneamente forte e fragile il sensus fidei dei fedeli laici, perché storicamente ogni uomo vive la fede in modo sempre "inquinato", nel senso che le giuste intuizioni sono mescolate dentro opinioni personali o modi di pensare molto contestualizzati alla limitata e povera esperienza che ciascuno possiede. La Commissione precisa che in ogni credente si attua una forma di correlazione, o di interazione, tra il sensus fidei e il modo concreto con cui egli vive la sua fede nei vari ambiti della sua esistenza personale. (cf. n. 59)

Pur nella diversa responsabilità ministeriale dei pastori e dei fedeli laici, quanto afferma la Commissione Teologica Internazionale implica che non vi sono dentro la Chiesa cristiani di seria A che hanno l'appalto dell'evangelizzazione e cristiani di serie B che sono semplici destinatari del Vangelo; non vi sono persone che vengono implicitamente autorizzate a deresponsabilizzarsi dall'annuncio del Vangelo. Per dirla con le parole della Commissione, non possiamo pensare alla Chiesa come ad una realtà fatta da «*una gerarchia attiva e un laicato passivo, e in particolare la nozione di una rigorosa separazione fra Chiesa docente (Ecclesia docens) e Chiesa discente (Ecclesia discens)*» (n. 4)

Papa Francesco nell'Evangelii Gaudium allarga ancora la prospettiva e chiama in causa, non solo i praticanti o quelli che hanno maturato una vocazione ecclesiale, ma anche coloro che si sentono lontani, indifferenti o timorosi di esporsi perché si considerano inadeguati: «*Mi piacerebbe dire a quelli che si sentono lontani da Dio e dalla Chiesa, a quelli che sono*

[141] *IBIDEM,* 34; EV 28(2012), 547.

timorosi e agli indifferenti: il Signore chiama anche te ad essere parte del suo popolo e lo fa con grande rispetto e amore!»[142]

Il papa ribadisce che non si può essere cristiani senza essere missionari e questo non perché si sono fatti corsi di specializzazioni, ma perché si è fatta esperienza dell'amore di Cristo: «*Ciascun battezzato, qualunque sia la sua funzione nella Chiesa e il grado di istruzione della sua fede, è un soggetto attivo di evangelizzazione e sarebbe inadeguato pensare ad uno schema di evangelizzazione portato avanti da attori qualificati in cui il resto del popolo fedele fosse solamente recettivo delle loro azioni.*»[143]

Nell'idea ecclesiologica di papa Bergoglio la centralità del battesimo è determinante per rendere, ognuno a suo modo e con un grado di responsabilità diversificato, testimone credibile e autorizzato della fede della Chiesa; viene ripresa, ma da un'altra prospettiva, l'affermazione della Evangelii Nuntiandi: «*Allorchè il più sconosciuto predicatore, catechista o pastore, nel luogo più remoto, predica il Vangelo, raduna la piccola comunità o amministra un Sacramento, anche se si trova solo compie un atto di Chiesa…*»[144]

Papa Francesco, nella prefazione al testo che parla della teologia del popolo di Rafael Tello, scrive: «*La Chiesa è chiamata ad accompagnare e a fecondare incessantemente questo modo di vivere la fede dei suoi figli più umili. In questa spiritualità c'è un "ricco potenziale di santità e di giustizia sociale" (DA262) di cui dobbiamo valerci per la Nuova Evangelizzazione. Come direbbe lo stesso Tello: il cristianesimo popolare dev'essere rafforzato con una pastorale popolare.*»[145]

Dobbiamo concludere dicendo che il sensus fidei dei singoli credenti deve essere vissuto dentro il sensus fidei della Chiesa; è la fede della Chiesa che noi riceviamo nell'atto del battesimo ed è la fede della Chiesa che noi ogni domenica professiamo, anche se ciascuno la vive con l'originalità della propria vita. L'unica fede che lega tutti i cristiani, assume volti ed espressioni diversi, perché ciascuno la esprime con la propria personalità, carattere, intelligenza, ma anche con la propria fragilità.

Alla fede della Chiesa, ogni singolo cristiano non può dare la sua adesione formale, bensì una adesione esistenziale che lo rende testimone credibile ed originale, qui ed ora. L'ubbidienza alla fede della Chiesa, da una parte chiede studio, preghiera per una comprensione intellettiva ed affettiva; dall'altra, la stessa ubbidienza, chiede intelligenza creativa per non essere testimoniata come una formula stereotipata. [146]

Va quindi reimpostato il rapporto tra vita del popolo di Dio, dottrina e tradizione; queste ultime non possono essere imposte come camicie di forza della vita concreta; il passato e il

---

[142] FRANCESCO, *Esortazione apostolica "Evangelii Gaudium"*, o.c.,113; EV 29(2013), 2219. L'autore a cui papa Francesco fa riferimento in ordine a questa idea è Rafael Tello; cf. E. C. BIANCHI, *Introduzione alla teologia del popolo. Profilo spirituale di Rafael Tello*, EMI, Bologna 2015. (Prefazione di Mario Bergoglio-Francesco pp. 13-22)

[143] FRANCESCO, *Esortazione apostolica "Evangelii Gaudium"*, o.c., 120; EV 29(2013), 2226.

[144] PAOLO VI, *Esortazione apostolica* "Evangelii Nuntiandi", o.c., 60; EV 5(1974-1976), 1669.

[145] E. C. BIANCHI, *Introduzione alla teologia del popolo. Profilo spirituale di Rafael Tello*, o.c., p. 19.

[146] Cf. G. ALCAMO, *Per una catechesi attenta ai segni dei tempi*, in ASSOCIAZIONE ITALIANA CATECHETI, *Catechesi e segni dei tempi*, (a cura di C. Cacciato), LDC, Torino 2018, pp. 71-76.

futuro devono trovare nell'oggi della Chiesa un punto di collegamento, perché l'intellegibilità della fede non può fare a meno della Tradizione e non può chiudersi all'escaton.

Bisogna mettere in conto di muoversi sempre sul filo di un rasoio tenendo insieme Tradizione ed escaton, la sapienza che la Chiesa illuminata dallo Spirito ha assimilato e la speranza di una pienezza di vita che è ancora da venire. In questo instabile equilibrio si esprime il sensus fidei di tutto il popolo di Dio e quindi il sensus fidei della Chiesa. Lo studio della Commissione Teologica Internazionale del 2014, nella terza e quarta parte affronta tutte queste problematiche e queste relazioni, indicando criteri ed orientamenti.

Non esistono, quindi, due teologie, una "in ginocchio" ed un'altra "a tavolino"; la riflessione teologica può essere fatta solo da chi ha fatto esperienza della fede cristiana, tanto che papa Francesco afferma: «*Il sensus fidei impedisce di separare rigidamente tra Ecclesia docens ed Ecclesia discens, giacché anche il gregge possiede un proprio fiuto per discernere le nuove strade che il Signore dischiude alla Chiesa.*»[147]

Se il popolo di Dio possiede una sapienza capace di esprimere la sua fede, il compito della Chiesa è quello di aiutarlo a concretizzare questo "*fiuto*", dentro tutte le manifestazioni di fede, sia quelle liturgiche, sia quelle devozionali. Un compito educativo a cui la Chiesa non può abdicare, perché fondamentale per la significatività della fede.

3.3. La sfida della spiritualità mariana

Questa visione teologica trova singolare realizzazione nel campo della spiritualità ed in modo specifico nella pietà mariana.[148] La spiritualità è la fede incarnata dentro una cultura ed espressa dal popolo in modo pubblico e con una carica affettiva molto forte.

Papa Francesco richiamando il documento di Aparecida così la descrive: «*Nel Documento di Aparecida si descrivono le ricchezze che lo Spirito Santo dispiega nella pietà popolare con la sua iniziativa gratuita. In quell'amato continente, dove tanti cristiani esprimono la loro fede attraverso la pietà popolare, i Vescovi la chiamano anche "spiritualità popolare" o "mistica popolare". Si tratta di una vera "spiritualità incarnata nella cultura dei semplici". Non è vuota di contenuti, bensì li scopre e li esprime più mediante la via simbolica che con l'uso della ragione strumentale, e nell'atto di fede accentua maggiormente il credere in Deum che il credere Deum. È "un modo legittimo di vivere la fede, un modo di sentirsi parte della Chiesa, e di essere missionari"; porta con sé la grazia*

[147] FRANCESCO, *Discorso di commemorazione del 50° di istituzione del Sinodo dei vescovi*, del 17 ottobre 2015, in AAS 107(2015), 1138-1144; EV 31(2015), 1660-1676; qui 1664. Questo è un convincimento che ha ripetuto più volte: cf. IDEM, *Discorso ai vescovi responsabili del Consiglio Episcopale Latinoamericano (CELAM) in occasione della riunione generale di coordinamento*, Rio de Janeiro 28 luglio 2013, in AAS 105(2013), 697-705; EV 29(2013), 1433-1459; IDEM, *Discorso in occasione dell'incontro con il clero, persone di vita consacrata e membri di consigli pastorali*, Assisi 4 ottobre 2013, in AAS 105(2013) 916-919; EV 29(2013), 1565-1567.

[148] Cf. G. COLZANI, *Maria. Mistero di grazia e di fede*, o.c., pp. 288-316. L'autore pone la sua attenzione su quattro ambiti: il culto, la pietà popolare, la sua attualità per la cultura di oggi, il suo utilizzo educativo. Giovanni Paolo II, in uno dei suoi insegnamenti descrive la religiosità popolare come «*l'espressione più elevata della persona umana, perché è il culmine della sua natura razionale. Essa sgorga dall'aspirazione profonda dell'uomo alla verità ed è alla base della ricerca libera e personale che egli compie del divino.*» in Udienza generale del 19 ottobre 1983, 2.

della missionarietà, dell'uscire da sé stessi e dell'essere pellegrini: "Il camminare insieme verso i santuari e il partecipare ad altre manifestazioni della pietà popolare, portando con sé anche i figli o invitando altre persone, è in sé stesso un atto di evangelizzazione". Non coartiamo né pretendiamo di controllare questa forza missionaria!»[149]

Questa spiritualità del popolo in relazione a Maria qualifica l'identità della Chiesa cattolica. Non si trova città, paese, borgata dove non si ricorda un evento mariano e non vi sia un segno pubblico di questo amore filiale a Maria. La Chiesa celebra e vive la misericordia di Dio che, in e con Maria, si esprime con tenerezza materna: «*Maria è colei che sa trasformare una grotta per animali nella casa di Gesù, con alcune povere fasce e una montagna di tenerezza. Lei è la piccola serva del Padre che trasalisce di gioia nella lode. È l'amica sempre attenta perché non venga a mancare il vino nella nostra vita. È colei che ha il cuore trafitto dalla spada, che comprende tutte le pene. Quale madre di tutti, è segno di speranza per i popoli che soffrono i dolori del parto finché non germogli la giustizia. È la missionaria che si avvicina a noi per accompagnarci nella vita, aprendo i cuori alla fede con il suo affetto materno. Come una vera madre, cammina con noi, combatte con noi, ed effonde incessantemente la vicinanza dell'amore di Dio. Attraverso le varie devozioni mariane, legate generalmente ai santuari, condivide le vicende di ogni popolo che ha ricevuto il Vangelo, ed entra a far parte della sua identità storica. Molti genitori cristiani chiedono il Battesimo per i loro figli in un santuario mariano, manifestando così la fede nell'azione materna di Maria che genera nuovi figli per Dio. È lì, nei santuari, dove si può osservare come Maria riunisce attorno a sé i figli che con tante fatiche vengono pellegrini per vederla e lasciarsi guardare da Lei. Lì trovano la forza di Dio per sopportare le sofferenze e le stanchezze della vita. Come a san Juan Diego, Maria offre loro la carezza della sua consolazione materna e dice loro: «Non si turbi il tuo cuore [...] Non ci sono qui io, che son tua Madre?*»[150]

La vicenda personale di Maria è, come ogni altra vicenda umana, condizionata da una parte dal tempo e dallo spazio; dall'altra, in modo del tutto singolare, dall'ingresso nel tempo di Colui che è eterno. «*Ciò significa che quella di Maria non è una storia che si svolge nel puro kronos, ma è una storia il cui kronos viene decisamente impregnato di kairos, il tempo che la grazia ha redento permeandolo del mistero di Cristo.*»[151]

Gli evangelisti hanno espresso questa peculiarità della vita di Maria con l'espressione "Piena di grazia". Lei appartiene totalmente a Dio e la sua volontà è in continua e permanente tensione verso la volontà di Colui che l'ha "colmata di grazia".[152]

L'identità della spiritualità mariana, che la Chiesa ha testimoniato nei secoli, con ricchezza di forme e di stili, può essere definita contemporaneamente legata all'azione dello Spirito, totalmente cristologica e storico salvifica. Maria testimonia la vocazione alla santità che ogni essere umano riceve da Dio. Prendendo a prestito le parole di Papa Francesco, Maria

---

[149] FRANCESCO, *Esortazione apostolica "Evangelii Gaudium"*,o.c.,124; EV 29(2013), 2230.

[150] *IBIDEM*, 286; EV 29(2013), 2393.

[151] L. MANTOVANI – G. PASQUALE, *Maria, ragione credente del cristianesimo. Mariologia fondamentale*, o.c., p. 83.

[152] Bernard Sesboué preferisce la traduzione più letterale "colmata di grazia", per indicare che la fonte della grazia è Dio: «*Maria beneficiaria passiva di una grazia che ha un'altra pienezza, perché ella la riceve.*» Cf. B. SESBOUÉ, *Tre sguardi su Maria*, Dehoniane, Bologna 2018, p. 8.

testimonia dentro la Chiesa che «*Ci occorre uno spirito di santità che impregni tanto la solitudine quanto il servizio, tanto l'intimità quanto l'impegno evangelizzatore, così che ogni istante sia espressione di amore donato sotto lo sguardo del Signore. In questo modo, tutti i momenti saranno scalini nella nostra via di santificazione.*»[153]

Questo non significa però che tutta la pietà popolare sia un fatto positivo che non ci sia bisogno di discernimento per la sua purificazione da possibili ambiguità.

Il primissimo inizio del culto mariano è difficile da reperire nella storia. La preghiera più antica in suo onore è senza dubbio il *Sub tuum praesidium*, dove troviamo già il titolo di "*Dei genitrix*", una invocazione scritta in greco e trovata in un papiro egiziano del secolo III. I titoli dati a Maria, da questa comunità che forse soffre la persecuzione, sono: "Santa Madre di Dio" e "Vergine gloriosa e benedetta"; in mezzo a tutti i loro pericoli e difficoltà, i cristiani si rifugiano sotto la protezione di Maria. Gli stessi titoli li troviamo nella Chiesa ortodossa: Theotokos (Madre di Dio), Aeiparthenos (sempre Vergine), Panhagia (tutta Santa).

Fa notare Bernard Sesboué, «*Là dove la Scrittura chiama Maria "madre di Gesù" o "madre del Signore", la tradizione ha compreso che Maria è la "madre di Dio", perché Gesù è a titolo personale il Figlio unico ed eterno di Dio. Su questo discernimento, operato dalla tradizione e proclamato nel concilio di Efeso, tutti i cristiani sono d'accordo. È vero che il titolo di Madre di Dio è prima di tutto rivolto a Cristo e ci dice come primo messaggio l'unità in Cristo di Dio e dell'uomo; ma ci dice anche la relazione propria che unisce Gesù a Maria, una relazione che comporta una consacrazione della Madre al Figlio nel servizio, come è attestato nei vangeli.*»[154]

Gli elementi contenuti nelle antiche preghiere mariane riconducono senza sforzo alla venerazione, all'amore, alla supplica, all'imitazione. Se da un lato si resta ammirati della ricchezza dei simboli che ornano le affermazioni, dall'altro si constata lo spirito comunitario che anima l'invocazione della Madre di tutti. Maria è il modello della Chiesa e della vita cristiana, e siamo invitati guardare a lei continuamente.

La differenza tra la Chiesa e Maria è data dal fatto che nella Chiesa i cristiani sono stati da Cristo liberati, guariti, purificati dal peccato; mentre, Maria ha un'altra vicenda personale, è stata "preservata" dal peccato sempre dall'unico redentore e mediatore. Maria abita dalla parte dell'umanità, è una di noi, anche Lei è stata riscattata, come ogni uomo, ma in un modo diverso dal nostro. Giovanni Paolo II afferma che Maria si è trovata, per vocazione «*al centro stesso di quelle "inaccessibili vie" e di quegli "imperscrutabili giudizi" di Dio, vi si conforma nella penombra della fede, accettando pienamente e con cuore aperto tutto ciò che è disposto nel disegno divino.*»[155]

Dentro questa "singolarità" – così come ci fa pregare la liturgia delle ore nella festa dell'Assunzione: "*redenta in modo più sublime*" - non bisogna mai sottacere sul rapporto con Cristo, sia di Maria sia della Chiesa, che è fondante e prioritario. L'ideale universale e il

---

[153] FRANCESCO, *Esortazione apostolica "Gaudete et exsultate"*, del 19 marzo 2018, 31.

[154] B. SESBOUÉ, *Tre sguardi su Maria*, o.c., p. 13.

[155] GIOVANNI PAOLO II, *Lettera enciclica "Redemptoris Mater"*, 14; EV 10(1986-1987), 1308.

modello di santità che Maria ci offre è, di conseguenza, un aspetto della funzione salvifica di Cristo.

Maria è sulla stessa linea dei santi, il cui esempio è utile per sviluppare in noi la vita della grazia. Nella continuità con la santità che lo Spirito suscita nella Chiesa, Maria occupa un posto singolare e trasversale. Maria ha qualcosa d'assolutamente unico, che trascende ogni diversità di livello, che possiamo attribuire soltanto a lei e non agli altri santi e che giustifica, dopo il culto verso Cristo, il culto eccezionale che la Chiesa le rende.

Se da una parte, si afferma che la natura della devozione mariana è unica (singularis) in rapporto alla venerazione degli altri santi; dall'altra, bisogna ribadire che il culto a Maria differisce essenzialmente dall'adorazione di Dio.

Il Concilio Vaticano II esorta alla diffusione del culto della Beata Vergine Maria, e chiede «*caldamente ai teologi e ai predicatori della parola divina ad astenersi con ogni cura da qualunque falsa esagerazione, come pure da una eccessiva grettezza di spirito...*»[156]

Ogni preghiera e ogni lode devono essere indirizzate a Dio solo, più precisamente al Padre, per mezzo del Figlio nello Spirito. Non si tratta quindi di indirizzare la preghiera a Maria, ma di pregare con Lei e come Lei, il Padre, il Figlio e lo Spirito Santo.

La preghiera ha una dimensione comunionale e di solidarietà insopprimibile, non solo tra i cristiani viventi, ma anche con coloro che hanno concluso questo percorso di vita e sono al cospetto di Dio: «*Il cattolico ricorre a Maria e ai Santi soltanto per chiedere la loro intercessione presso Dio, non perché sia necessaria o più efficace, ma semplicemente per entrare con essi nella grande intercessione che è come la condivisione incessante della solidarietà dei credenti che nemmeno la morte può fermare. L'intercessione è così la conversazione eterna dei fedeli con il loro Dio nel farsi carico gli uni degli altri*».[157]

Giovanni Paolo II, con una lettera apostolica, incoraggia la recita del rosario riconducendolo al suo vero cuore: contemplare Gesù insieme a Maria. Siamo di fronte ad un vero trattato che «*esprime ampiamente la ricchezza di questa preghiera tradizionale, che ha la semplicità di una preghiera popolare, ma anche la profondità teologica di una preghiera adatta a chi avverte l'esigenza di una contemplazione più matura*»[158] Per potenziare lo spessore cristologico del rosario, introduce una nuova serie di cinque misteri, detti "della luce", che rivelano il Regno reso presente dalla persona di Gesù.

Le preghiere mariane, come l'angelus o il rosario, esprimono la natura comunionale e contemplativa della Chiesa; noi chiediamo a Maria di pregare per noi, di intercedere presso il Figlio e di introdurci a contemplare il Mistero cristiano. Queste preghiere nate nel secondo millennio sotto il soffio dello spirito di Dio, corrispondono «*alla "preghiera del cuore" o "preghiera di Gesù" germogliata sull'humus dell'oriente cristiano*»[159]

---

[156] LG 67.

[157] GRUPPO DI DOMBES, *Maria nel disegno di Dio e nella comunione dei santi,* o.c., p. 20.

[158] Cf. GIOVANNI PAOLO II, *Il rosario mariano*, del 16 ottobre 2002, 39, in EV 21(2002), 1167-1250; qui 1240.

[159] *IBIDEM*, 5; EV 21(2002), 1175.

Inoltre, il Concilio invita a venerare, cioè amare, rispettare, onorare, imitare la Vergine Maria e a lodare Dio per colei che "*tutte le generazioni chiameranno beata*". La liturgia è il luogo privilegiato non solo per la celebrazione, ma anche per orientare ed educare la devozione.

Il testo più pertinente, emanato dalla Chiesa indivisa, che descrive il posto di Maria nella comunione dei santi, lo troviamo nel canone romano della messa; la Beata Vergine Maria è collocata in cima a tutti i Santi di cui si fa memoria, perché eletta da Dio per essere la madre del Messia.

Nella riforma liturgica che scaturisce dal Vaticano II, la Vergine non ha un proprio ciclo di feste, perché il protagonista di tutto l'anno liturgico è solo Gesù Cristo, ma Maria viene associata a Lui in ogni momento: «*La Santa Chiesa venera con speciale amore la beata Maria madre di Dio, congiunta indissolubilmente con l'opera salvifica del Figlio suo*». Il calendario mariano è come l'eco e il riflesso dell'unico ciclo festivo, quello di Cristo, perché «*in Maria la Chiesa ammira ed esalta il frutto più eccelso della redenzione, e contempla con gioia, come in un'immagine purissima, ciò che essa tutta desidera e spera di essere*».[160]

La Madre di Gesù, a partire dal dato biblico, è sempre vista dalla Chiesa in intima comunione con Cristo per la salvezza; ma anche come Colei che è così prossima alla Chiesa stessa da esserne madre e sorella, motivo di speranza per tutti, prototipo di ciò che Dio chiede all'umanità e di ciò che l'umanità ha risposto a Dio: «*La venerazione a Maria è la via più sicura e più breve per arrivare ad una concreta vicinanza con Cristo. Meditando ogni fase della sua vita, apprendiamo cosa significa vivere per Cristo e con Cristo nella quotidianità, in una realtà che anche quando è priva di esuberanza conosce però una perfetta prossimità interiore a Cristo*».[161]

La vergine, oltre a condurci con le sue feste a celebrare meglio la salvezza che Cristo ci offre, ci aiuta anche a guardare con maggiore speranza la comunità alla quale apparteniamo e che la onora come la più perfetta tra i cristiani.

Mi pare utile constatare, per una sana pedagogia pastorale, che i fedeli volentieri e senza nessuna forzatura celebrano con gioia le feste della Beata Vergine Maria, partecipano alle processioni, si recano in pellegrinaggio ai santuari, amano offrire doni votivi; tutto questo non può essere sottovalutato né distrutto, perché come ci ricorda il Direttorio sulla pietà popolare, non bisogna trascurare il valore propedeutico della religiosità popolare verso la liturgia, pienezza del culto cristiano: «*La religiosità popolare, che si esprime in forme diversificate e diffuse, quando è genuina, ha come sorgente la fede e dev'essere, pertanto, apprezzata e favorita. Essa, nelle sue manifestazioni più autentiche, non si contrappone alla centralità della sacra liturgia, ma, favorendo la fede del popolo che la considera una sua connaturale espressione religiosa, predispone alla celebrazione dei sacri misteri*».[162]

---

[160] SC 103.

[161] H. U. VON BALTHASAR, *Maria icona della Chiesa,* o.c., p. 24.

[162] CONGREGAZIONE PER IL CULTO DIVINO E LA DISCIPLINA DEI SACRAMENTI, *Direttorio sulla pietà popolare e liturgia. Principi e orientamenti,* Vaticana 2002, 9. La stessa considerazione viene

La Lumen Gentium esprime, con sano realismo, le direttive pastorali che devono ispirare sia il culto, sia la predicazione. Le norme di una sana predicazione mariana sono richiamate con le parole di Pio XII nella *Ad Coeli Reginam*: *"né falsa esaltazione, né ristrettezza di spirito"*.

La *"funzione"* di Maria nella storia della salvezza è segnalata prima dei suoi *"privilegi"*; la santa Vergine brilla per la sua disponibilità totale davanti a Dio e non per dei doni puramente ornamentali. La maternità di Maria è santa e santificante, continua a generare vita nuova. Il Santo che ella dona alla luce, collaborando liberamente con Dio, è il fondamento della sua personale santità ed è il dono che fa all'umanità per poter essere introdotta dentro la santità di Dio.

In conclusione, si può arrivare ad affermare che l'atteggiamento con cui la Chiesa si deve accostare a Maria è quello della fede, in quanto questa prospettiva è quella che più di ogni altra ha caratterizzato la vita della Madre di Gesù. Sin dall'inizio si afferma che è beata perché ha creduto; l'espressione che gli evangelisti mettono in bocca ad Elisabetta è la chiave pedagogica che la Chiesa sceglie per educare i suoi fedeli al culto mariano.

La familiarità che la Chiesa coltiva, con le diverse forme di spiritualità, è una via semplice e popolare con cui la Chiesa educa i singoli cristiani e le comunità all'amore verso il suo Signore. Maria è la prospettiva, a cui la Chiesa non può rinunciare, per introdursi dentro il mistero della passione e morte di Cristo.

Noi lodiamo Dio per e con Maria, perché vediamo in Lei l'opera di Dio e rendiamo a Lui grazie per come Maria ha risposto, in modo esemplare, alla sua chiamata. Maria insegna alla Chiesa come riconoscere il concreto agire di Dio dentro gli eventi della storia e della vita degli uomini.

La vita della "Tutta Santa" è messa in sinossi con la vita di Abramo, colui che viene scelto per iniziare un'alleanza con l'umanità[163]; la fede della Madre del "figlio dell'uomo" viene recepita come compimento della fede di Abramo: «*Nella Madre di Dio, dunque, si invera per grazia l'autentico itinerario d'Israele lungo il sentiero della verità ed anzi, come scrive Giovanni Moioli (1931-1984), è Lei stessa "la verità dell'antico Israele" oppure, in altri termini, il pieno realizzarsi della vocazione alla santità cui la moltitudine che YHWH si è acquistato per farne il popolo santo è stata predestinata nella sua elezione originaria.*»[164]

La chiamata di Abramo e il suo ruolo presentano diversi punti di confronto con la chiamata e il ruolo di Maria, che Benedetto XVI, in una catechesi descrive in questi termini: «*Il cammino di fede di Abramo comprende il momento di gioia per il dono del figlio Isacco, ma anche il momento dell'oscurità, quando deve salire sul monte Moria per compiere un gesto paradossale: Dio gli chiede di sacrificare il figlio che gli ha appena donato. Sul monte l'angelo gli ordina: "Non stendere la mano contro il ragazzo e non fargli niente! Ora so che*

---

ribadita nella 39° proposizione del sinodo dei vescovi sulla nuova evangelizzazione del 2012; EV 28(2012), 1724-1725.

[163] Cf. GIOVANNI PAOLO II, *Lettera enciclica "Redemptoris Mater"*, 14; EV 10(1986-1987), 1307-1308.

[164] L. MANTOVANI – G. PASQUALE, *Maria, ragione credente del cristianesimo. Mariologia fondamentale,* o.c., p. 20.

tu temi Dio e non mi hai rifiutato tuo figlio, il tuo unigenito" (Gen 22,12); la piena fiducia di Abramo nel Dio fedele alle promesse non viene meno anche quando la sua parola è misteriosa ed è difficile, quasi impossibile, da accogliere. Così è per Maria, la sua fede vive la gioia dell'Annunciazione, ma passa anche attraverso il buio della crocifissione del Figlio, per poter giungere fino alla luce della Risurrezione. Non è diverso anche per il cammino di fede di ognuno di noi: incontriamo momenti di luce, ma incontriamo anche passaggi in cui Dio sembra assente, il suo silenzio pesa nel nostro cuore e la sua volontà non corrisponde alla nostra, a quello che noi vorremmo. Ma quanto più ci apriamo a Dio, accogliamo il dono della fede, poniamo totalmente in Lui la nostra fiducia - come Abramo e come Maria - tanto più Egli ci rende capaci, con la sua presenza, di vivere ogni situazione della vita nella pace e nella certezza della sua fedeltà e del suo amore. »[165]

L'AT si apre con Abramo, uomo di fede, che riceve in dono una promessa; Abramo si presenta come una personalità corporativa, è l'inizio del popolo eletto, da cui verrà il Salvatore, l'Emmanuele. In Maria, nel NT, vi è il compimento di questa promessa. Il figlio di Abramo, offerto a Colui che lo aveva donato, trova nel Figlio di Maria il compimento definito e completo delle promesse. La figura di Abramo, Padre dei credenti, accompagna il Popolo eletto fino alla figura di Maria, Madre della Chiesa e dell'umanità, colei che veglia sul cammino dei credenti fino alla pienezza del regno.[166]

«Con il suo "fiat", infatti Maria mostra di essere una donna ebrea pienamente credente che vive nell'attesa e nella certezza dell'adempimento delle promesse dell'Altissimo (cfr. LC 1,45) e questo in quanto l'appartenenza credente al popolo eletto le permette di scorgere – meglio sarebbe dire, evangelicamente, "vedere" (cfr. ad es. Mt 5,8; 13,16-17; Lc 10,23-24) – nella storia di questo popolo, le opere che Dio continua a svolgere in suo favore.»[167]

La mariologia è quindi una catechesi sulla fede della Chiesa, sul rapporto fondamentale tra l'umanità e Dio; Maria è stata posta da Colui che l'ha scelta a servizio della redenzione. La catechesi sulla fede di Maria include l'idea di un itinerario aperto che si snoda nella storia. Se è vero che in Maria questo itinerario non conosce il peccato, non bisogna dimenticare che conosce però la fatica della ricerca e della scoperta, e, come per il figlio, il potere oscuro delle tentazioni.

La fede, in Maria, oltre che essere luce è anche ombra, oltre che parola è anche silenzio, oltre che rivelazione è anche ricerca, è povertà di comprensione, è obbedienza semplice, è umiltà e nello stesso tempo assunzione di responsabilità. La fede per la Chiesa è un percorso di conformazione a Maria e a Cristo.[168]

Questo itinerario pedagogico di iniziazione alla fede può avere diversi incipit, in quanto Maria è modello per tante situazioni diverse: come la donna coraggiosa che sa difendere il figlio con la fuga in Egitto, ma sa anche restare immobile sotto la croce; come la madre di

[165] BENEDETTO XVI, Catechesi "*Vergine Maria: icona della fede obbediente*", del 19 dicembre 2012.

[166] Cf. A. VALENTINI, *Maria secondo le Scritture. Figlia di Sion e Madre del Signore,* o.c., p. 399.

[167] L. MONTOVANI – G. PASQUALE, *Maria, ragione credente del cristianesimo. Mariologia fondamentale,* o.c., p. 21.

[168] Cf. GIOVANNI PAOLO II, *Lettera enciclica "Redemptoris Mater"*, 14; EV 10(1986-1987),1307-1308.

famiglia modesta e sollecita a Nazareth; come colei che medita e conserva nel suo cuore ogni situazione, anche quelle incomprensibili; la madre che sa farsi carico delle situazioni di povertà e di disagio: "non hanno più vino"; sa essere presente accanto al Figlio, nello svolgimento della missione, in modo silenzioso e rispettoso. Tante vie di accesso che conducono tutte al centro: Cristo.

La Chiesa nella sua azione evangelizzatrice guarda a Maria come al prototipo di vita cristiana, esempio perfetto ed esemplare perché la discepola fedele per antonomasia.[169] Le diverse espressioni di culto a Maria non si discostano, e non possono discostarsi, da questa prospettiva:

- Le preghiere mariane, più conosciute a livello popolare, mettono in evidenza quest'aspetto di prossimità e di fede, di Maria, in Cristo; se si analizza, per esempio, la recita del rosario si coglie subito l'intreccio tra la vita di Maria, la storia della salvezza e la vita di coloro che pregano.

- Le apparizioni non hanno come scopo quello di fondare la fede, ma di servirla; non aggiungono nulla alla già completa rivelazione, ma possono essere un umile richiamo; costituiscono segni sensibili nei quali Dio si dà secondo le capacità di colui o coloro che le ricevono. La pedagogia pastorale a cui richiama il Concilio, deve accompagnare i pellegrini nei luoghi delle apparizioni, alla ricerca della conversione autentica e alla sequela quotidiana con tutta la vita.

- Il pellegrinaggio nei luoghi mariani va vissuto come un memoriale, perché fa rivivere il percorso della historia salutis, è attualizzazione perché è un gesto che esprime la fede, è tempo carico di tensione speranzosa verso una meta, è un simbolo con grande valenza escatologica, è allusivo a una motivazione più grande, è proiettato verso un compimento.

- Le processioni esprimono l'essere della Chiesa che cammina con fede dentro la storia e a contatto con tutta l'umanità. Il procedere insieme, grandi e piccoli, praticanti e non praticanti, ricchi e poveri, esprime la complessità della vita della Chiesa che non è fatta da eroi o da super uomini, ma da peccatori perdonati dal sovrabbondante amore di Dio. Una Chiesa che guarda e convoca l'uomo, con tutta la sua complessa vita, e lo invita a porsi in relazione a Dio, così come ha fatto Maria. Le processioni sono un modo popolare di manifestare la bellezza e la fecondità della fede ecclesiale, ma anche la condivisione della gioia di vivere del Vangelo. Nelle processioni, la Chiesa testimonia pubblicamente che i cristiani sono nel mondo come un "Mistero" perché legati e provenienti da Dio, sono nati dall'alto, condividono la felicità di Dio, gustano la libertà di Dio, vivono della sua speranza; inoltre, sono un "Popolo in cammino", perché vivono dentro la storia con responsabilità e coscienza, con relazioni semplici ma affettuose, legati gli uni agli altri da vincoli di familiarità; infine, in modo analogico, sono un "Sacramento", perché rendono visibile l'amore che Dio offre all'intera umanità, pur nella incongruenza e nella fragilità della loro vita.

---

[169] Cf. S. M. PERRELLA, *Ecco tua Madre (Gv 19,17). La madre di Gesù nel magistero di Giovanni Paolo II e nell'oggi della Chiesa e del mondo*, o.c., pp. 188-189.

Evidentemente, siamo tutti consapevoli che nel contesto secolarizzato in cui viviamo, tutto questo oggi non è più così immediato ed evidente, va quindi costantemente riproposto con una catechesi popolare e capillare, che valorizzi e riscopra il ruolo, l'identità e la struttura comunitaria e culturale delle tradizioni che ancora oggi scandiscono la vita del popolo di Dio.

Si tratta di "rigenerare" o "rivitalizzare" il dialogo tra la fede celebrata e la fede manifestata, dentro il tempo, che non è visto solo come kronos ma anche come kairos. Una sana pedagogia pastorale non può proporsi né di scardinare né di cancellare, ma di risignificare e riproporre, in termini adeguati alla cultura e alla vita di oggi. Non si tratta di tenere in vita forme ormai anacronistiche di religiosità popolare, ma di non perdere l'essenziale con cui i nostri padri esprimevano la cultura evangelica e vi iniziavano le nuove generazioni.

Si tratta di ritrovare la via giusta, che metta in dialogo armonioso i contenuti della fede con le espressioni popolari della stessa fede; individuare, cioè, un percorso popolare che sia in sintonia con la fede professata, ma che tiene in conto le sollecitazioni e le spinte di una modernità complessa ed esigente.

Tutto questo per la Chiesa di oggi è una sfida che deve assumere e far propria, per non sradicare o impoverire la vita dell'intero popolo di Dio.

Parte III

«Non hanno vino... Qualsiasi cosa vi dica, fatela»

Catechesi su Giovanni 2,1-11

Giuseppe Alcamo

[1]Il terzo giorno vi fu una festa di nozze a Cana di Galilea e c'era la madre di Gesù.
[2]Fu invitato alle nozze anche Gesù con i suoi discepoli. [3]Venuto a mancare il vino, la
madre di Gesù gli disse: «Non hanno vino». [4]E Gesù le rispose: «Donna, che vuoi da
me? Non è ancora giunta la mia ora». [5]Sua madre disse ai servitori: «Qualsiasi cosa vi
dica, fatela».

[6]Vi erano là sei anfore di pietra per la purificazione rituale dei Giudei, contenenti
ciascuna da ottanta a centoventi litri. [7]E Gesù disse loro: «Riempite d'acqua le anfore»;
e le riempirono fino all'orlo. [8]Disse loro di nuovo: «Ora prendetene e portatene a colui
che dirige il banchetto». Ed essi gliene portarono. [9]Come ebbe assaggiato l'acqua
diventata vino, colui che dirigeva il banchetto – il quale non sapeva da dove venisse, ma
lo sapevano i servitori che avevano preso l''acqua – chiamò lo sposo [10]e gli disse: «Tutti
mettono in tavola il vino buono all'inizio e, quando si è già bevuto molto, quello meno
buono. Tu invece hai tenuto da parte il vino buono finora».

[11]Questo, a Cana di Galilea, fu l'inizio dei segni compiuti da Gesù; egli manifestò
la sua gloria e i suoi discepoli credettero in lui.

Attraverso questa pericope vorrei mettere in luce la vocazione di Maria dentro la Chiesa e nello stesso tempo la vocazione dei cristiani dentro il mondo. Una catechesi biblica che educhi alla presa di consapevolezza della propria responsabilità per l'avvento del Regno di Dio.

Il brano non è di facile interpretazione, perché diversi elementi sono molto stringati ed enigmatici, ma si coglie subito che dentro tutto il racconto vi è una regia di annuncio per una vita buona che abbia il sapore del Vangelo. Questo giustifica perché ad alcuni particolari che in sé sono marginali viene dato molto spazio, mentre su altri particolari che risulterebbero un aiuto per l'immediata comprensione si sorvola.

A una prima lettura si ha quindi la sensazione di essere di fronte alla semplice relazione di un miracolo; ma il dialogo tra la madre e il figlio, l'accenno all'«ora» di Gesù, il riferimento alla sovrabbondanza del vino, l'osservazione finale dell'evangelista lasciano presagire che dietro questa apparente semplicità descrittiva vi è qualcosa di molto più impegnativo che l'evangelista vuole comunicare, e che il lettore è invitato a scoprire per dare senso compiuto a tutta la narrazione.

Siamo di fronte a un racconto simbolico che, nella sua totalità, manifesta e rende presente qualcos'altro, rispetto a quello che indica; le nozze, l'acqua, il vino, lo sposo, la donna, le anfore ci accompagnano verso un mondo biblico da scoprire sia come promessa sia come compimento; l'evangelista dice alla Chiesa che il vino del Vangelo deve prendere il posto dell'acqua della Legge, il rigore del legalismo deve cedere il passo all'irruenza e all'abbondanza dell'amore che non conosce ostacoli, la promessa fatta ad Abramo raggiunge il suo compimento nelle nozze che Gesù celebra con l'umanità, alla presenza di Maria e dei discepoli.

Nel Vangelo di Giovanni i segni non sono mai fine a se stessi, ma hanno sempre una duplice dimensione: dimostrare qualcosa per suscitare la fede dei discepoli e rendere visibile, svelare la gloria di colui che compie il segno. Così come dirà alla fine del suo Vangelo, l'autore ha scelto, tra i molti segni che Gesù ha compiuto, quelli che ha ritenuto più adeguati a esprimere questo duplice obiettivo, per non compromettere la centralità del suo messaggio: «Gesù, in presenza dei suoi discepoli, fece molti altri segni che non sono stati scritti in questo libro. Ma questi sono stati scritti perché crediate che Gesù è il Cristo, il Figlio di Dio, e perché, credendo, abbiate la vita nel suo nome» (Gv 20,30-31; cfr. Gv 21,25).

Siamo nel primo dei segni scelti a tal fine; si svolge a Cana, dentro un contesto di festa coniugale, alla presenza di Maria, la Madre, e dei discepoli. Gli esegeti sono concordi nel dire che il segno dell'acqua che diventa vino è primo non solo in senso cronologico, perché si trova all'inizio del testo del Vangelo, ma anche in quanto è «archetipo», «prototipo» di tutti i segni descritti da Giovanni, fornisce la chiave di lettura che permette di comprendere la totalità del messaggio del quarto Vangelo.[1]

Nell'intenzione dell'evangelista questo primo segno va messo in stretta relazione con l'ultimo segno, quando tutti «volgeranno lo sguardo a colui che hanno trafitto» (Gv 19,38), quando il Maestro realizza in pieno la sua «ora», amandoci fino all'estremo, donandoci la sua stessa Madre e il suo Spirito, compiendo per tutti e per sempre la volontà del Padre, celebrando le nozze eterne di Dio con tutta l'umanità. Il termine «ora» apre e chiude la sezione dei segni, inizia e porta a compimento la promessa di una rivelazione piena e definitiva.

Il collegamento tra i due segni, di Cana e del Golgota, che abbracciano tutto il Vangelo di Giovanni, lo si può evidenziare anche attraverso il ruolo della Madre, che assurge contemporaneamente a simbolo del popolo eletto, della Chiesa nascente e del discepolo fedele. La presenza di Maria a Cana viene indicata dall'evangelista come una presenza vera, autentica, sincera, visibile, incisiva, che pur distinguendosi si affianca a quella di Gesù con i suoi discepoli.

A Cana, Maria è la prima persona a prendere la parola: «Non hanno vino» (v. 3). Esprime l'assenza della gioia, la sofferenza del popolo che vive nell'infedeltà;

---

[1] Cf. R. Penna, *Parola Fede e Vita. Stimoli del Nuovo Testamento*, Borla, Roma 2013, pp. 275-278.

contemporaneamente, nella dinamica del racconto, a Maria viene riconosciuto il ruolo di sostenere la fede dei discepoli: «Qualsiasi cosa vi dica, fatela» (v. 5).

Maria insegna alla Chiesa a essere vigilante dentro il contesto della gioia nuziale tra Dio e l'umanità affinché questa non venga mai meno; sollecita a fare tutto quello che Gesù dirà, riconoscerlo cioè nella persona dei poveri e negli umili, in quanti sono disprezzati e dimenticati.

La denuncia della mancanza di vino è accompagnata dall'invito a fare quello che lui dirà, perché solo facendo quello che lui dirà la difficoltà della mancanza di vino può essere superata; fare quello che lui dirà inebria il quotidiano vivere, qualifica l'ordinario, riempie di vino nuovo le «anfore di pietra» (v. 6).

Questa espressione, «Qualsiasi cosa vi dica, fatela», esprime anche la logica con cui Maria ha vissuto, ed in Lei acquista un significato pieno perché, per prima e sempre, qualsiasi cosa Dio le ha chiesto, lei l'ha fatto. Dal punto di vista catechetico, può essere intesa come una indicazione alla Chiesa ma anche come una rivelazione del suo stile di vita.

Sul Golgota si passa dal simbolo alla realtà, dalla promessa alla sua piena realizzazione. Sul Golgota tutto «è compiuto!» (Gv 19,30); siamo nell'ora del compimento della missione di Gesù quando, sospeso tra il cielo e la terra, invita la «donna» ad allargare gli spazi della sua maternità accogliendo il discepolo come figlio, ad abbandonare l'abito del lutto per la morte del Figlio e a indossare l'abito della gioia per la nuova maternità.

L'evangelista vuole affermare che sulla croce si realizzano le vere nozze tra Dio e l'umanità e che le nozze di Cana sono solo simbolo di quelle vere; all'inizio del Vangelo, con il racconto del miracolo dell'acqua trasformata in vino, l'evangelista anticipa nel simbolo quello che avverrà nella realtà con il dono della vita crocifissa e risorta.

I due episodi, con generi letterari diversi, incentrati sul dono di amore che Cristo fa attraverso il vino, che è anche simbolo della sua passione, presentano la vocazione di Maria al discepolato e alla maternità, ne fanno il modello ideale a cui la Chiesa e ogni discepolo può guardare. Possiamo guardare a Maria, la figlia di Sion, in riferimento sia alla Chiesa sia a Cristo.

Come Maria, la Chiesa è chiamata a riconoscere e condividere la sofferenza del popolo che fatica a vivere in una relazione d'amore con Dio; e sempre come Maria, la Chiesa deve porsi accanto a tutti coloro che hanno scelto di seguire il Maestro, per accompagnarli gradualmente verso una piena fedeltà, a fare quello che lui dirà.

Discernimento, condivisione e accompagnamento sono le espressioni di una presenza ecclesiale dentro il mondo che è improntata all'amore; la vocazione della Chiesa, come quella di Maria, è quella di discernere le situazioni storiche, condividere la vita degli uomini e accompagnarli alla sorgente della vita, che è Cristo.

Tra la maternità di Maria e la maternità della Chiesa vi è una stretta relazione, in quanto Maria è immagine perfetta della Chiesa; solo in Maria la Chiesa è già quello che deve essere, tutti gli altri discepoli sono nel non ancora della ricerca; solo in Maria Gesù ha finalmente toccato il vertice delle sue possibilità di redentore vittorioso.

Giovanni Paolo II, nella lettera enciclica *Redemptoris Mater*, descrive il significato del ruolo che Maria ha nel mistero di Cristo e sulla sua presenza attiva ed esemplare nella vita della Chiesa; lo identifica in un ruolo di mediazione in senso «analogico»; la mediazione di Maria è intesa come partecipazione, in forma subalterna, all'azione di Cristo Salvatore; è una «mediazione materna» che si esercita nell'intercessione: «Si pone "in mezzo", cioè fa da mediatrice non come un'estranea, ma nella sua posizione di madre, consapevole che come tale può – anzi "ha il diritto" – di far presente al Figlio i bisogni degli uomini. La sua mediazione, dunque, ha un carattere di intercessione: Maria "intercede" per gli uomini» (*Redemptoris Mater* 21).

La Chiesa crede e professa che ancora oggi, dentro le pieghe della storia, Maria si rende conto – e lo segnala al Figlio – se gli uomini non hanno più vino per continuare a vivere dentro la gioia delle nozze.

Maria si accosta al Figlio sempre nella fede, prospettiva che più di ogni altra ha caratterizzato la vita della Madre di Gesù di cui fin dall'inizio nel Vangelo si afferma che è beata perché ha creduto (cfr. Lc 1,45); l'espressione che gli evangelisti mettono in bocca a Elisabetta è la chiave pedagogica che la Chiesa sceglie di utilizzare per educare i suoi figli alla fede; la Chiesa vede in lei l'opera di Dio e rende a lui grazie per come Maria ha risposto, in modo esemplare, alla sua chiamata.

Inoltre, tenendo presente la totalità della storia della salvezza, la Chiesa legge la vita di Maria in continuità con la vita di Abramo, colui che viene scelto da Dio per iniziare un'alleanza con l'umanità; il padre della fede d'Israele viene affiancato e superato dalla madre della fede della Chiesa; la fede della Madre del figlio dell'Uomo è colta dalla Chiesa come compimento pieno della fede di Abramo.

L'Antico Testamento si apre con Abramo, uomo di fede, che riceve in dono una promessa. Abramo si presenta come una personalità corporativa, è l'inizio del popolo eletto, da cui verrà il Salvatore, l'Emmanuele; nel Nuovo Testamento, Maria in quanto madre di Gesù è il compimento di questa promessa e la Chiesa è sacramento del nuovo popolo eletto che coincide con tutta l'umanità.

Il figlio di Abramo, Isacco offerto a colui che lo aveva donato, trova nel Figlio di Maria il compimento definitivo e completo delle promesse. La figura di Abramo, padre dei credenti, accompagna il popolo eletto fino alla figura di Maria, Madre della Chiesa e dell'umanità, colei che veglia sul cammino dei credenti fino alla pienezza del regno.

Questa «donna» è l'Israele fedele, la donna che ama lo sposo, la figlia di Sion che ascolta la Parola e attende il compimento; Maria è l'immagine del popolo fedele, disponibile a Dio suo sposo, che risponde all'amore con l'amore.

Per la premura materna della «donna» fedele, la festa di nozze non sarà lambita dalla tristezza per la mancanza del vino, ma sarà rinvigorita dalla presenza di un vino nuovo, migliore del primo e in grande abbondanza. In questa festa che l'umanità celebra non può mancare Gesù con la sua Chiesa: la loro presenza è determinante perché la festa continui.

Con le parole di Maria, «non hanno vino», è il popolo d'Israele che denuncia la propria povertà e situazione di non gioia in attesa del compimento escatologico promesso da Dio mediante i profeti. La Madre dichiara la situazione in cui si trovano i suoi figli e mette questa situazione davanti agli occhi del Figlio.

In altri termini, viene a realizzarsi quello che, secondo la tradizione, Israele, periodicamente stanco della sua lontananza da Dio, faceva attraverso i profeti e i saggi: esporre a Dio nella preghiera la sua afflizione, fiducioso che egli sarebbe intervenuto.

Maria espone a Gesù la situazione di un matrimonio senza amore, di una festa senza gioia, di una relazione fatta di paure e di soggezione; quello che doveva essere preludio per il talamo era diventato schiavitù e legalismo. Il popolo che Dio con tanto amore si era scelto, non aveva capito lo spirito e si era allontanato da lui, non aveva più la gioia di condividere con lui la sua vita. Anche a tutto questo fa eco l'evangelista con la presenza di Maria alle nozze di Cana.

La mariologia è quindi una catechesi sulla fede della Chiesa come compimento della fede d'Israele, sul rapporto fondamentale tra l'umanità e Dio; la catechesi sulla fede di Maria, paradigma della fede di ogni discepolo, include l'idea di un itinerario che si snoda nella storia.

La fede, in Maria, oltre che essere luce è anche ombra, oltre che essere parola è anche silenzio, oltre che essere rivelazione è anche ricerca, è povertà di comprensione, è obbedienza semplice, è umiltà e nello stesso tempo assunzione di responsabilità, è dono e conquista. La fede nella Chiesa è un percorso di conformazione a Maria e a Cristo.

Questo itinerario pedagogico di educazione alla fede della Chiesa, può avere diversi *incipit*, in quanto Maria è modello per tante situazioni diverse, ha vissuto la durezza delle varie crisi a cui nei secoli è stata sottoposta l'umanità: quella della guerra, della violenza, del rifiuto, dell'emigrazione, tutte le crisi degli umili e dei poveri.

Maria può essere contemplata come la donna gravida che non trova accoglienza per dare alla luce la sua creatura; come la madre coraggiosa che sa difendere il figlio con la fuga in Egitto, ma sa anche restare immobile sotto la croce; come la sposa fedele e la madre di famiglia, modesta e sollecita a Nàzaret; come la contemplativa che medita e conserva nel suo cuore ogni situazione, anche quelle incomprensibili; come colei che sa farsi carico delle situazioni di povertà e di disagio, come nel nostro caso – «non hanno più vino» –; come la discepola che sa essere accanto al Figlio, nello svolgimento della missione, in modo silenzioso e rispettoso; come colei che raccoglie i dispersi scandalizzati dalla morte in croce del Maestro.

Ritornando al racconto del miracolo descritto da Giovanni, pur iniziando con la figura di Maria che segnala la mancanza di vino, al centro di tutto vi è sempre Gesù che si relaziona con la Madre, e con i servi, per risolvere un problema che condiziona lo svolgersi di una festa di nozze; segue poi lo stupore e la costatazione del maestro di tavola che chiama lo sposo per comprendere il senso di quello che sta avvenendo.

Dopo una breve introduzione che contestualizza il miracolo (vv. 1-2), troviamo la descrizione delle quattro scene: Gesù e sua madre (vv. 3-4), la madre e i servi (v. 5), i servi e Gesù (vv. 6-8), il maestro di tavola (vv. 9-10); segue quindi la conclusione (v. 11). Tutto il racconto è orientato a rivelare la gloria di Gesù e a sostenere la fede dei suoi discepoli.

Non siamo in grado di attestare la storicità del miracolo, ma è senza dubbio una via simbolica che l'evangelista percorre per condurre a scoprire l'identità di Gesù, il suo mistero e la gioia della Chiesa di credere nel suo Signore. Il discepolo viene invitato a imparare a fidarsi di Gesù, ad abbandonarsi in lui e a lasciarsi condurre da lui; l'espressione della Madre, «Qualsiasi cosa vi dica, fatela» (v. 5), è una indicazione chiara per come il discepolo deve relazionarsi nel corso della sua vita con il suo Signore.

Il Messia, che è stato annunciato da Giovanni e riconosciuto dai primi discepoli, raduna la sua comunità di discepoli attorno a un banchetto di nozze, figura e presenza dei tempi ultimi; l'antica alleanza mediante la presenza di Gesù diventa nuova; il vino prodotto non si aggiunge all'acqua ma l'acqua stessa diventa vino. Nella simbologia biblica il vino esprime una ricchezza di significati, sia in riferimento a Dio sia in riferimento all'uomo.

In riferimento a Dio si dice che la sapienza divina imbandisce la tavola e offre vino prelibato: «La sapienza si è costruita la sua casa, ha intagliato le sue sette colonne. Ha ucciso il suo bestiame, ha preparato il suo vino e ha imbandito la sua tavola» (Pr 9,1-2). Isaia dice che il Signore offrirà gratuitamente non solo l'acqua, ma anche il vino e il latte; egli concede non solo la vita, ma anche la gioia e il suo alimento: «O voi tutti assetati, venite all'acqua, voi che non avete denaro, venite, comprate e mangiate; venite, comprate senza denaro, senza pagare, vino e latte» (Is 55,1).

In riferimento all'uomo il vino esprime il desiderio, benedetto da Dio, di vivere nella gioia e nella comunione, come inebriati, ricolmi di Dio; richiama al banchetto escatologico che con l'eucaristia viene anticipato; Luca dice che il Samaritano lo usa per curare le ferite di colui che è incappato nei briganti (cfr. Lc 10,34).

Il contesto delle nozze dentro cui è collocata tutta la pericope è una chiave di lettura determinante per comprendere il senso profondo del racconto. Il tema delle nozze richiama alla memoria tutta la simbologia antico testamentaria; i profeti e i saggi del popolo eletto più volte utilizzano l'immagine dell'amore coniugale per descrivere il tipo di relazione che Dio vuole stabilire con il suo popolo, ma anche la sofferenza di Dio nel sentirsi tradito dal suo popolo; Osea scrive: «E avverrà, in quel giorno – oracolo del Signore – mi chiamerai: "Marito mio", e non mi chiamerai più: "Baal, mio padrone". Le toglierò dalla bocca i nomi dei Baal e non saranno più chiamati per nome. In quel tempo farò per loro un'alleanza con gli animali selvatici e gli uccelli del cielo e i rettili del suolo; arco e spada e guerra eliminerò dal Paese, e li farò riposare tranquilli. Ti farò mia sposa per sempre, ti farò mia sposa nella giustizia e nel diritto, nell'amore e nella benevolenza, ti farò mia sposa nella fedeltà e tu conoscerai il Signore» (Os 2,18-22; cfr. Is 62,3-5; Ez 16,8-15).

A Cana, nel groviglio del racconto, vengono riproposte le nozze tra Dio e il nuovo Israele; Israele viene reso presente anche da Maria, la Madre di Gesù; queste nozze si possono celebrare per la presenza e l'opera di Gesù stesso, figlio di Dio e di Maria. Gesù dona un vino superiore che dà compimento al primo vino già servito; tra i due vini vi è continuità perché è vino di nozze, solo che il primo è figura di quello che sarà il secondo.

L'autore mette insieme, con il simbolo del vino, le due alleanze tra Dio e il suo popolo;

in un primo momento, attraverso la Legge, il popolo di Dio è solo Israele, che tradisce più volte questa alleanza simboleggiata dal vino che è finito; l'intervento della Madre e la presenza del Figlio rilanciano definitivamente l'alleanza con Dio, che pur nella continuità è in termini totalmente nuovi e migliori, simboleggiata dall'acqua diventata vino; questa seconda alleanza è aperta a tutti, non ha confini.

Con la enigmatica risposta che Gesù dà alla donna/Sion, che denuncia la sofferenza del popolo lontano dalla gioia di Dio, viene affermata la speranza che con la sua presenza, con la sua «ora» questa sofferenza sarà finita, perché lui porta l'abbondanza e la novità della presenza di Dio, ristabilisce l'amore coniugale, riapre l'accesso al talamo. Maria riconosce in anticipo l'avvento dell'«ora» di Dio che rende il presente un *kairos*, tempo donatoci da Dio per accogliere un futuro caratterizzato dalla dolcezza del vino nuovo.

Mediante il miracolo, che viene accennato in modo sobrio e discreto, Gesù manifesta in figura che è giunto il tempo in cui Israele entrerà nella comunione definitiva con Dio, come pure l'intera umanità. Questa porta che dà accesso a questa singolare comunione è lui stesso, il pastore buono capace di dare la vita per le pecore.

Ecco perché il vino assaggiato da «colui che dirigeva il banchetto» è migliore del primo vino. Il miracolo di Cana simboleggia la gratuità e la sovrabbondanza della vita che Dio comunica all'uomo attraverso Gesù, anche senza una fede previa, perché l'iniziativa di Dio, nell'incontro con il suo popolo, è sempre precedente e gratuita.

Si realizza a Cana quanto il salmista aveva cantato a Dio creatore: «Dalle tue dimore tu irrighi i monti, e con il frutto delle tue opere si sazia la terra. Tu fai crescere l'erba per il bestiame e le piante che l'uomo coltiva per trarre cibo dalla terra: vino che allieta il cuore dell'uomo, olio che fa brillare il suo volto e pane che sostiene il suo cuore» (Sal 104,13-15).

La Chiesa, nella liturgia, riconosce in Cristo il suo nuovo elemento vitale: il vino che rinvigorisce il cuore dell'uomo, il pane che gli dà forza, il suo Spirito è come olio che fa risplendere di gioia il volto dell'umanità.

Lo stupore e la gioia sperimentata da colui che dirige il banchetto lo porta a convocare lo sposo per comprendere il senso del suo comportamento, che gli sfugge totalmente ed è fuori da ogni consuetudine: «Tutti mettono in tavola il vino buono all'inizio e, quando si è già bevuto molto, quello meno buono. Tu invece hai tenuto da parte il vino buono finora» (v. 10). È una considerazione che include una domanda: come mai? Perché? Che senso ha questa tua scelta?

In questo racconto non troviamo una risposta dello sposo: ignaro di tutto, egli ascolta la domanda, accoglie le congratulazioni e tace, non dice nulla. Il lettore è implicitamente invitato ad attraversare tutto il Vangelo per avere una risposta a questi quesiti; risposta che sarà data con la risurrezione. Tutto il vangelo di Giovanni è la risposta alla domanda di colui che dirige il banchetto di Cana; la vita di Gesù donata per amore è la risposta che permette all'uomo di vivere in pienezza e nella gioia.

Nella esortazione *Evangelii Gaudium* papa Francesco descrive la gioia che il dono del vino nuovo fa nascere nella Chiesa per il mondo, così come la storia della salvezza la racconta (cfr. EG 4-5).

Il «gaudio» a cui costantemente richiama l'Esortazione di papa Francesco non è un generico sentimento psicologico, ma è la gioia della persona rinata, della salvezza incontrata e sperimentata nella vita di grazia, della misericordia che perdona i peccati se anche noi lo vogliamo, della luce che la fede in Gesù Cristo getta su tutta la nostra vita personale, familiare, comunitaria, sociale. È il gaudio del vino nuovo, che viene dato all'uomo che accoglie il dono dello Spirito, è quella pace che il Risorto porta dentro la Chiesa nascente, così come testimonia la Scrittura.

Una gioia radicata in Dio, accolta come dono e vissuta come sfida alle difficoltà della vita quotidiana; una gioia quella cristiana che si contrappone ai piaceri della logica di una vita comoda e superficiale, che cerca il futile e non si assume le proprie responsabilità.

Per l'uomo, in quanto uomo, la gioia non è un di più, qualcosa di cui potrebbe fare a meno; è il motivo per cui ogni giorno si affatica e lotta, magari anche sbagliando strada, qualche volta, o identificandola con qualcosa che lo porta lontano da essa; l'uomo cerca la gioia incessantemente e non trova serenità al di fuori di essa.

Ma la gioia cristiana che nasce dal vino nuovo è altro e si fonda sull'Altro, ha il sapore della santità, percorre la via della fedeltà, esprime la scelta personale di vivere fino in fondo la fedeltà al Vangelo e, consapevole dell'umana fragilità, pone la sua sicurezza in colui che tutto può.

La gioia cristiana non teme di essere rubata da qualcuno, perché solo chi la possiede se ne può privare, decidendo di vivere contro di essa; essa trova la sua dimora nel cuore dell'uomo, ma la sua origine non è nell'uomo. Essa permette di vivere in un'altra dimensione, quella di Dio, aprendo altre prospettive che sono contagiose e invitano alla sequela. È un vino buono la cui origine sfugge a chi non crede.

Bibliografia Consultata

Fonti

La Bibbia di Gerusalemme, direzione editoriale di Filippi A., Bologna 2009.

La Bibbia Piemme, by Pacomio L. – Dalla Vecchia F. – Pitta A., Casale Monferrato 1995.

La Bible de Jérusalem, sous la direction de l'École biblique de Jérusalem, Paris 1984[7].

Novum Testamentum Graece et Latine, by Nestle, EB. – Nestle, ER. – Aland, B. – Aland, K, Stuttgart 1994[27].

Septuaginta. Id est Vetus Testamentum graece iuxta LXX interpretes, 2 voll., by Rahlfs, A., Stuttgart 1935 (repr. 1979).

AELRED DE RIEVAULX, *Quand Jésus eut douze ans* (SChr 60), Edition du Cerf, Paris 1987.

AMBROGIO, *Esposizione del vangelo secondo Luca*, I, Biblioteca ambrosiana-Città Nuova, Roma 1978.

BRUNO DI SEGNI, *Commento a Luca*, PL 165.

GIROLAMO, Homilia de Nativitate Domini, CCL 78.

ORIGENE, *Omelie su Luca* (Sources chretiennes 87).

RUPERTO DI DEUTZ, *CCL. Cont. Med,* 26.

TEOFILATTO, *Enarratio in Evangelium Lucae*, PG 123.

Magistero

BENEDETTO XVI, Discorso "Sono felice di incontrarvi", del 30 maggio 2005.

BENEDETTO XVI, Omelia "Quarant'anni fa", del 8 dicembre 2005.

BENEDETTO XVI, Lettera enciclica "Deus caritas est", del 25 dicembre 2005.

BENEDETTO XVI, Esortazione apostolica postsinodale "Sacramentum caritatis", del 22 febbraio 2007.

BENEDETTO XVI, Lettera enciclica "Spe salvi", del 30 novembre 2007.

BENEDETTO XVI, Messaggio "L'11 febbraio per la XVI Giornata del Malato", del 2008.

BENEDETTO XVI, Omelia a conclusione della processione "aux flambeaux", del 13 settembre 2008.

BENEDETTO XVI, Omelia, in «L'Osservatore Romano», 15-16 settembre 2008, 5.

BENEDETTO XVI, Esortazione apostolica postsinodale "Verbum Domini", del 30 settembre 2010.

BENEDETTO XVI, Omelia "Apertura dell'anno della fede", del 11 ottobre 2012.

BENEDETTO XVI, Catechesi "Vergine Maria: icona della fede obbediente", del 19 dicembre 2012.

COMMISSIONE TEOLOGICA INTERNAZIONALE, Questioni di Cristologia, del 20 ottobre 1980.

COMMISSIONE TEOLOGICA INTERNAZIONALE, Temi scelti di ecclesiologia, del 7 ottobre 1985.

COMMISSIONE TEOLOGICA INTERNAZIONALE, Documento "La teologia oggi: prospettive principi e criteri", del 8 maggio 2012.

COMMISSIONE TEOLOGICA INTERNAZIONALE, Documento "Dio Trinità, unità degli uomini. Il monoteismo cristiano contro la violenza" del 17 gennaio 2014.

COMMISSIONE TEOLOGICA INTERNAZIONALE, Documento "Il sensus fidei nella vita della Chiesa", del 10 giugno 2014.

CONGREGAZIONE DEL CLERO, Direttorio per il ministero e la vita dei presbiteri, del 31 gennaio 1994.

CONGREGAZIONE PER IL CULTO DIVINO E DISCIPLINA DEI SACRAMENTI, Direttorio sulla pietà popolare e liturgia. Principi e orientamenti, Vaticana 2002.

CONGREGAZIONE PER IL CULTO DIVINO E DISCIPLINA DEI SACRAMENTI, Decreto "Sulla celebrazione della Beata Vergine Maria Madre della Chiesa nel Calendario Romano Generale", del 3 marzo 2018.

DOCUMENTI DEL CONCILIO ECUMENICO VATICANO II.

FRANCESCO, Discorso in occasione dell'Incontro con i vescovi responsabili del Consiglio Episcopale Latinoamericano (CELAM) in occasione della riunione generale di coordinamento, Rio de Janeiro del 28 luglio 2013.

FRANCESCO, Lettera enciclica "Lumen Fidei", del 29 giugno 2013.

FRANCESCO, Discorso in occasione dell'incontro con il clero, persone di vita consacrata e membri di consigli pastorali, Assisi del 4 ottobre 2013.

FRANCESCO, Esortazione postsinodale "Evangelii Gaudium", del 24 novembre 2013.

FRANCESCO, Discorso "Vi incontro con piacere", del 5 dicembre 2014.

FRANCESCO, Discorso al santuario mariano di Madhu (Sri Lanka), del 14 gennaio 2015.

FRANCESCO, Discorso di commemorazione del 50° di istituzione del Sinodo dei vescovi, del 17 ottobre 2015.

FRANCESCO, Omelia nel santuario della Vergine della carità del Cobre a Santiago di Cuba, del 22 settembre 2015.

FRANCESCO, Omelia apertura del giubileo della misericordia, del 8 dicembre 2015.

FRANCESCO, Discorso ai vescovi del Messico, del 13 febbraio 2016.

FRANCESCO, Omelia, in «L'Osservatore Romano» del 2-3 gennaio 2018, 8.

FRANCESCO, Esortazione apostolica "Gaudete et exsultate", del 19 marzo 2018.

GIOVANNI PAOLO II, Lettera enciclica "Redemptor Hominis", del 4 marzo 1979.

GIOVANNI PAOLO II, Lettera enciclica "Redemptor Hominis", del 4 marzo 1979.

GIOVANNI PAOLO II, Lettera "Novo Incipiente", del 8 aprile 1979.

GIOVANNI PAOLO II, Esortazione Apostolica "Catechesi Tradendae", del 16 ottobre 1979.

GIOVANNI PAOLO II, Lettera Enciclica "Dives in misericordia", del 30 novembre 1980.

GIOVANNI PAOLO II, Lettera enciclica "Redemptoris Mater", del 25 marzo 1987.

GIOVANNI PAOLO II, Lettera alle famiglie, del 1994.

GIOVANNI PAOLO II, Lettera apostolica "Tertio millennio adveniente", del 10 novembre 1994.

GIOVANNI PAOLO II, Lettera apostolica "Incarnationis mysterium", del 29 novembre 1998.

GIOVANNI PAOLO II, Il rosario mariano, del 16 ottobre 2002.

PAOLO VI,, Lettera enciclica "Ecclesiam suam" del 6 agosto1964.

PAOLO VI, Lettera enciclica "Mense maio", del 29 aprile 1965.

PAOLO VI,, Lettera enciclica "Christi matri" del 15 settembre 1966.

PAOLO VI,, Esortazione apostolica "Signum magnum" del 13 maggio 1967.

PAOLO VI, Solenne professione di fede, del 30 giugno 1968.

PAOLO VI, Esortazione apostolica "Marialis cultus", del 2 febbraio 1974.

PAOLO VI,, Lettera apostolica "Apostolorum limina", del 23 maggio 1974.

PAOLO VI, Esortazione apostolica "Evangelii Nuntiandi", del 8 dicembre 1975.

PONTIFICIA COMMISSIONE BIBLICA, L'interpretazione della Bibbia nella Chiesa, Editrice Vaticana, Città del Vaticano 1993.

XIII ASSEMBLEA GENERALE ORDINARIA DEL SINODO DEI VESCOVI, Messaggio "Grazia A voi", del 26 ottobre 2012.

Commentari

BARRETT C.K, *Atti*, I, Paideia, Brescia 2003.

BOVON F., *Luca*, I, Paideia, Brescia 2005.

DA SPINETOLI O., *Luca*, Cittadella, Assisi 1982.

FITZMYER J.A., *The Gospel according to Luke I-IX*, Yale University Press, New York 1981.

FITZMYER J.A., *Gli Atti degli Apostoli*, Queriniana, Brescia 2003.

GRASSO S., *Luca*, Borla, Roma 1999.

JOHNSON L.T., *The Gospel of Luke*, The Liturgical Press, Collegeville 1991.

MARGUERAT D., *Gli Atti degli Apostoli*, I, Dehoniane, Bologna 2011.

ROSSÉ G., *Il Vangelo di Luca*, Città Nuova, Roma 1995[2].

SCHÜRMANN, *Das Lukasevangelium*, I, Herder, Freiburg 1982[2].

Monografie

ALCAMO G. (a cura di), *La Catechesi educa alla gioia evangelica. Riflessioni teologico-pastorali a partire dall'Esortazione Evangelii Gaudium*, Paoline, Milano 2014.

ALCAMO G., *Il Dio di Gesù Cristo. Nella lettera ai Galati*, Paoline, Milano 2014.

ALCAMO G. (a cura di), *Far toccare Dio. La narrazione nella catechesi,* Paoline, Milano 2016.

ASSOCIAZIONE ITALIANA CATECHETI, *Catechesi e segni dei tempi,* (a cura di C. Cacciato), LDC, Torino 2018.

BELLO A., *Maria donna dei nostri giorni*, San Paolo, Milano 1993.

BENAGES N., *La sagrada Familia en la biblia*, Desclée, Bilbao 2001.

BENEDETTO XVI, *Maria Stella di speranza*, (a cura di G. VIGINI), San Paolo, Milano 2013.

BIANCHI E. C., *Introduzione alla teologia del popolo. Profilo spirituale di Rafael Tello*, EMI, Bologna 2015.

BOISMARD M.-É., *L'évangile de l'enfance (Luc 1-2) selon le Proto-Luc* (EtB 35), Gabalda, Paris 1997.

BOTTINI C., *Introduzione all'opera di Luca. Aspetti teologici*, Franciscan Press, Jerusalem 1992.

BROWN R.E., *La concezione verginale e la risurrezione corporea di Gesù,* GdT 99, Queriniana, Brescia.

BRUNI G., *Mariologia ecumenica. Approcci – Documenti – Prospettive*, Dehoniane, Bologna 2009.

CALDUCH BENAGES N., *La sagrada Familia en la biblia*, Desclée, Bilbao 2001.

COLERIDGE M., *The birth of the Lukan narrative: narrative as christology in Luke 1-2,* JSNT.S 88.

COLZANI G., *Maria. Mistero di grazia e di fede,* San Paolo, Milano 2013^5.

CONGAR Y., *Vera e falsa riforma della Chiesa*, Jaca Book, Milano 2015.

D'AGOSTINO M., *L'annuncio come rappresentazione: strategie drammaturgiche in Luca 1-2*, Cittadella, Assisi 2009.

DE FIORES S., *Maria nel mistero di Cristo e della Chiesa*, Monfortane, Roma 1995^5.

DE LUBAC H. M., *Meditazioni sulla Chiesa,* Jaca Book, Milano 1979.

DE VIRGILIO G., *Teologia biblica del Nuovo Testamento*, Messaggero, Padova 2016.

DESCAMPS A. - DE HALLEUX A. (a cura di), *Mélanges Béda Rigaux*, Gembloux 1970.

DILLON R.J., *From Eyewitnesses to Ministers of the Word*, Biblical Institute, Rome 1978.

FABRIS R., *Interpretare e Vivere oggi la Bibbia. Ripercorrendo i punti salienti dell'Interpretazione della Bibbia nella Chiesa*, Paoline, Cinisello Balsamo (Mi)1973.

FEUILLET A., *Le Sauveur messianique et sa mère dans le récit de l'enfance de Saint Luc*: Collana teologica, 4, Napoli 1990.

FORTE B., *Maria, la donna icona del mistero. Saggio di mariologia simbolico-narrativa*, Paoline, Cinisello Balsamo (Mi)1989.

GALLI C. M., *Cristo, Maria, la Chiesa e i popoli. La mariologia di papa Francesco*, Vaticana, Città del Vaticano 2017.

GRESHAKE G., *Maria- Ecclesia. Prospettive di una teologia e una prassi ecclesiale fondata in senso mariano*, Queriniana, Brescia 2017.

GRUPPO DI DOMBES, *Maria nel disegno di Dio e nella comunione dei santi*, Qiqajon, Comunità di Bose 1998.

LATOURELLE R. (a cura di), *Vaticano II. Bilancio e prospettive venticinque anni dopo (1962-1987)*, Cittadella, Assisi 1987.

LAURENTIN R., *Structure et théologie de Luc 1-2*, Paris 1957.

LAURENTIN R., *La question marial*, Seuil, Paris 1963.

LAURENTIN R., *Jésus au Temple. Mistère de Pâque et foi de Marie en Lc 2,48.50*, Gabalda, Paris, 1966.

MALNATI E., *La Beata Vergine Maria dal Concilio Vaticano II*, Cantagalli, Siena 2015.

MANTOVANI L. –PASQUALE G., *Maria, ragione credente del cristianesimo. Mariologia fondamentale,* Cittadella, Assisi 2018.

MARGUERAT D., *The First Christian Historian. Writing the 'Acts of the Apostles'* (SNTS.MS 121), Cambridge 2002.

MILAZZO C., *Israele, Maria, la chiesa: commento a Lc 1-2,* Città Nuova, Roma 2010.

MOIOLI G., *Il mistero di Maria,* Glossa, Milano 2005^2.

PAPA FRANCESCO IN DIALOGO CON ALEXANDRE AWI MELLO, *È mia madre. Incontri con Maria,* Città Nuova, Roma 2018.

PAPA FRANCESCO, *Ave Maria,* Rizzoli, Milano 2018.

PENNA R., *Parola Fede e Vita. Stimoli del Nuovo Testamento*, Borla, Roma 2013.

PERETTO E., *Saggi di patristica e di filologia biblica.* Scripta Pontificiae Facultatis Theologicae "Marianum" 24, Roma 1997.

PEREZ RODRIGUEZ G., *La infancia de Jesús (Mt 1-2; Lc 1-2)*, Salamanca 1990.

PERRELLA S. M., *La madre di Gesù nella coscienza ecclesiale contemporanea. Saggi di teologia*, PAMI, Città del Vaticano 2005.

PERRELLA S. M., *Ecco tua Madre (Gv 19,17). La madre di Gesù nel magistero di Giovanni Paolo II e nell'oggi della Chiesa e del mondo,* San Paolo, Milano 2007.

PERRELLA S. M., *La madre di Gesù nella teologia. Percorsi mariologici dal Vaticano II a oggi*, Aracne, Ariccia (RM) 2015.

PHILIPS G., *La Chiesa e il suo mistero nel Concilio Vaticano II*, Jaca Book, Milano 1970.

RAHNER H., *Maria e la Chiesa. Indicazioni per contemplare il mistero di Maria nella Chiesa e il mistero della Chiesa in Maria*, Jaca Book, Milano 1974.

RATZINGER J. –VON BALTHASAR H. U., *Maria, Chiesa nascente*, Paoline, Roma 1981.

RATZINGER J. –VON BALTHASAR H. U., *Maria il sì di Dio all'uomo. Introduzione e commento all'Enciclica Redemptoris Mater,* Queriniana, Brescia 1987.

RUGGERI G., *Chiesa sinodale*, Edizione Laterza, Bari-Roma 2017.

SARTORI L., *La Lumen Gentium.Traccia di studio*, Messaggero, Padova 1994.

SCHÖKEL L.A., *Il dinamismo della Tradizione*, Paideia, Brescia 1970.

SERRA A., *E c'era la madre di Gesù. Saggi di esegesi biblico mariana (1978-1988),* Cens-Marianum, Milano 1989.

SERRA A., *Una spada trafiggerà la tua vita (Lc 2,35a). Quale spada? Bibbia e tradizione giudaicao-cristiana a confronto*, Bergamo 2003.

SERRA A., *Maria nelle Sacre Scrittura. Testi e commenti in riferimento all'incarnazione e alla resurrezione del Signore*, Servitium, Milano 2016.

SESBOUÉ B., *Tre sguardi su Maria,* Dehoniane, Bologna 2018.

STERLING G.E., *Historiography and Self-Definition. Josephos, Luke-Acts and Apologetic Historiography* (NT.S) 64), Leiden-New York-Köln 1992.

TANNEHILL R., *The Narrative unity of Luke-Acts: A Literary Interpretation*, I.II, Fortress, Philadelphia 1986.

THALBERT C., *Literary Patterns, Theological Themes, and the Genre of Luke-Acts, Society of Biblica Literature and Scholars*, Atlanta 1974.

TONIOLO E. M., *Maria e il Dio dei nostri padri, padre del Signore nostro Gesù Cristo*, Marianum, Roma 2000.

TONIOLO E. M. (a cura di), *Maria nel concilio. Approfondimenti e percorsi a 40 anni dalla «Lumen Gentium»*, Centro di Cultura Mariana «Madre della Chiesa», Roma 2005.

VALENTINI A., *Maria secondo le Scritture. Figlia di Sion e madre del Signore*, EDB, Bologna 2007.

VALENTINI A., *Vangelo d'infanzia secondo Luca. Riletture pasquali delle origini di Gesù*, EDB, Bologna 2017.

VON BALTHASAR H. U., *Maria per noi oggi*, Queriniana, Brescia 1987.

VON BALTHASAR H. U., *Tu hai parole di vita eterna. Meditazioni sulla Scrittura*, Jaca Book, Milano 1991.

VON BALTHASAR H. U., *Maria icona della Chiesa*, San Paolo, Milano 1998.

WOLF H.W., *Antropologia dell'Antico Testamento*, Queriniana, Brescia 1975.

ZIVIANI G., *La Chiesa madre nel Concilio Vaticano II*, Gregoriana, Roma 2001.

Articoli

BARBAGLIA S., *«"Il prologo di Luca e la solidità" del racconto evangelico. La ri-scrittura della storia»*, in *Credere Oggi* 31 (2/2011) 63-89.

BENOIT P., *«Et toi-même, un glaive transpercera l'âme»*, in *Catholic Biblical Quarterly* 25 (1963), 251-261.

BUTTICAZ S., *«Between Jerusalem and Rome: The Acts of luke as a People's Foundation myth»*, in *Rivista Biblica* LXV (2017) 39-69.

CALDUCH-BENAGES N., *«Sapienza», in Mariologia* (a cura di S. DE FIORES-V. FERRARI SCHIEFER-S.M. PERELLA), S. Paolo, Milano 2009.

CHAKOIAN K., *«Luke 2:41-52»*, in *Interpretation*. 52 (1998) 185-190.

CHIALÀ S., *Maria, la madre del Signore. Un approccio ecumenico*, in «Apulia Theologica» III (2017)2, 417-434.

CRIMELLA M., *«La nascita di Gesù» (Lc 2,1-20)*, in *Parole di Vita* 55/1 (2010).

DIEZ MERINO L., *« "He aqui que tu padre y yo te buscábamos angustiados..." » (Lc 2,48)*, in *Estudios Marianos* 72 (2006) 17-51.

DILLON R.J., *«Previewing Luke's Project from his Prologue»*, in *Catholic Biblical Quarterly* 43 (1981) 214-217.

ECHEGARAY GONZÁLES J., *«Las tres ciudades de los Evangelios de la Infancia de Jesús»*, in MUÑOZ IGLESIAS S., *Estudios Biblicos* 50 (1992) 83-102.

FERREIRA MARTINS J.M., *«Os motivos da rebeldia de Jesus-Menino»*, in *Theologica* 44/1 (2009).

FITZMYER J.A., *«Another query about the Lucan infancy narrative and its parallels»*, in *Jornal Biblical Literature* 114 (1995) 295-296.

KARAKASH, I., *«Luc 2,19: memoire d'hier et d'a-venir...»*, in *Lire et Dire* 74 (2007) 39-43.

KASPER W., *Il ruolo di Maria nell'unità della Chiesa*, in «L'Osservatore Romano», 25 settembre 2008, 7.

KUHN K.A., *«The point of the step-parallelism in Luke 1-2»*, in *New Testament Studies* 47 (2001) 38-49.

KUHN K.A. *«Beginning the Witness: The autoptai kai uperetai of the Luke's Infancy narrative»*, in *New Testament Studies* 49 (2003) 237-255.

LAURENTIN R., *«La foi de Marie dans l'épreuve»*, in *EtMar* 52 (1995) 9-35.

MAGGIONI C., *Madre della Chiesa*, in «L'Osservatore Romano» del 18 maggio 2018, 4.

MANNS F., *«Gesù adolescente al tempio»*, in *Terra Santa (I)* 71 (1995) 8-11.

MANZI F., *«L'attestazione del terzo vangelo sull'autocoscienza di Gesù dodicenne»*, in *Scuola Cattolica* 131 (2003) 431-496.

MANZI F., *«Giovanni Battista e Gesù: maturazione umana e singolarità filiale. Le età della vita»*, in *Parola Spirito e Vita* 49 (2004) 141-157.

NARVAJA J. L., *Miguel Angel Fiorito. Una riflessione sulla religiosità popolare nell'ambiente di Jorge Mario Bergoglio,* in «La Civiltà Cattolica» 4027(2018) II, 18-29.

PANIMOLLE S., *«La cristologia di Luca 1-2»,* in *Augustinianum* 35 (1995) 61-75.

RATZINGER J., *Le 14 encicliche di Giovanni Paolo II,* in «Communio» 32(2003), nn. 190-191.

RAUSCH TH. P., *La dottrina al servizio della missione della Chiesa,* in «La Civiltà Cattolica» 3981(2016) II, 223-236.

RODRIGUEZ CARMONA A., *«Jesús comienza su vida de adulto (Lc 2,41-52)»,* in MUÑOZ IGLESIAS S., *Estudios Biblicos* 50 (1992) 177-189.

SANTORO M.M., *Per una mariologia narrativa. Approfondimenti seguendo P. Ricoeur,* in «Theotokos», 2(1994), 97-134.

SPADARO A., *Intervista a Papa Francesco,* in «La Civiltà Cattolica» 3918(2013), 449-477.

VALENTINI A., *«La rivelazione di Gesù dodicenne al Tempio»,* in MUÑOZ IGLESIAS S., *Estudios Biblicos* 50 (1992) 261-304.

Printed by Books on Demand GmbH, Norderstedt / Germany